GESCHEIDEN VADERS NL – FAMILIE FOR JUSTICE

ONTVADERING - KINDERHANDEL

VADER&KINDERLEED – PERVERS&TEGENNATUURLIJK

Ad Verdiesen
voor mijn moeder
Januari 2009

I0486805

FAMILIES IN CRISIS
BEDROGEN MET LIEFDE

ONTVADERING <=> GELEGALISEERDE KINDERDIEFSTAL
FAMILIERECHTERS + MOEDERMAFFIA + OVERHEIDSGEWELD => VERWOESTING

TER (HER)OVERWEGING, OFWEL OM OVER NA TE DENKEN
u kan gemakkelijk UW BEDENKINGEN toevoegen . . .

! OVERHEDEN <u>ONZE</u> VIJAND !

gewone goeie mannen en prima vaders OPZETTELIJK gemold
Zieke foute moeders spannen samen en zijn als staatshoeren
IN NAAM DER KONINGIN DER NEDERLANDEN

<u>WIJ</u>, *uwe shockerende hardvochtige vertrutte hufterige overheden verspillen samen mét afstandstrutten & napraatlullen (BSN's) om;*

te liegen&bedriegen om jullie, mannen c.q. vaders in het bijzonder, maximaal te knechten kleineren koeioneren en mollen, als man&mens te reduceren nog 'goed genoeg' voor arbeid en haha, vooral om vrouwen 'in het algemeen belang' <u>eenzijdig</u> maximaal te voorzien onder het mom van veiligheid&bescherming. Fun hee, vanuit 'ons' te gekke vervreemdende wereldbeeld maken wij vrijelijk anti-man socioses!

<u>Met de opdracht</u> "menselijker scheiden", werd de NL-se scheidingsindustrie/ontvaderingsmachine na een mislukte scheidingsbeurs mei 2008 op een vervolgcongres in Eindhoven gefêteerd. Maart'09 werd bekend gemaakt dat de scheidingsbeurs werd uitgesteld tot na de zomer, vanwege de recessie heette het. Deskundige zakkenvullers zijn welbewust onmenselijk bezig, eventuele klokkenluiders worden afgeschrikt vanwege het wespennest de beerput en de slangenkuil! Over menswaardigheid en menselijkheid gesproken, wanneer het erop aankomt zal ondanks alle 'gekke wijven' blijken dat onder de streep **de natuur de baas is, en blijft**!

TER (HER)OVERWEGING, OFWEL OM OVER NA TE DENKEN
u kan gemakkelijk UW BEDENKINGEN toevoegen . . .

Jaldabaoth <=> breek en heers <=> duistere tijden <=> licht in zicht?   1

Naast onmenselijkheden werd plots nog een en ander gelanceerd; na 30 jaar ontvadering én families te hebben verscheurd liet SP-1ᵉ-Kamerlid QuikSchuijt weten: '**vaders zijn de zwakke partij**'! Dit feit staat in schril contrast met alle hekel over mannen die als sterke partij worden behandeld, ook algemene (gerechtelijke) aannames gaan er klakkeloos vanuit dat mannen de sterke partij zijn, om hen gemakkelijk een kopje kleiner te maken en van de andere kant vrouwen maximaal te voorzien onder het mom van goede moraal veiligheid bescherming verantwoording en kindbelang. Een lelijk manbeeld dient ook om indien gewenst verontwaardiging te kunnen veinzen. Zoals te verwachten leiden abjecte discriminatoire constateringen, welke ten voordele van mannen zouden zijn, niet tot inkeer bezinning en dus beschamend genoeg niet tot herstel en bescherming tegen het oorspronkelijk ONrecht en evenmin worden de werkelijke agressors aangepakt. De GVN-beweging is gericht op gelijkwaardigheid en gelijke fiscale behandeling, zonder pedologica&ontvaderingsexpertise en op een parlementaire enquete voor erkenning met terugwerkende kracht. Januari 2009 neemt emancipatiebureau ENOVA het plots principieel voor ons vaders op, overigens op basis van allang bekende onderzoekgegevens!

'Vaderschap doet ertoe' hoort eigenlijk geen discussie te zijn maar geeft wel wat tegenwicht, februari '09 werd ik door Oetse Eilander geïnterviewd over het feit dat vaders systematisch 'als kinderloze' ongelijk worden misbehandeld en als mens man vader en kostwinner gemold worden en daarom ook financieel en sociaal-maatschappelijk worden uitgekleed en nooit meer functioneren. In het nadeel van mannen én in het voordeel van vrouwen worden stelselmatig misvattingen gepropagandeerd, ziek- en gekmakende socioses worden onderhouden bijv. zouden moeders er bij scheiding financieel op achteruit gaan i.t.t. vaders. De vraag is dan toch waarom scheiding door meestal moeder wordt nagejaagd, op allerlei fronten en manieren wordt een foute beeldvorming gemaakt. Effectief gezien worden moeders voorzien en vaders gemold. Het is stuitend hoe er standaard vanuit die socioses wordt gelogen, hoe gegevens selectief worden gemanipuleerd hetgeen o.a. ook duidelijk werd gemaakt door RADAR bij de U.N. over 'Violence Against Women' (rapport gefinancierd door NL!). Al bij het ANP blijkt informatie selectief bewerkt te worden ten voordele van vrouwen en ten nadele van mannen. Assertief&agressief bij gelegenheid voorzien in kinderdiefstal, **ONgelijkwaardigheid moet**!

Omgangsregelingen worden het genoemd, want over zorg en opvoeding bij papa thuis mag het niet gaan, zijn overtuiging en liefde tellen niet! Bob Geldoff werd ten sterkste aangeraden het er niet over te hebben dat hij van zijn kinderen hield want dat zou tegen hem gebruikt worden, omdat zij het zegt doet enkel moeders 'beleving en overtuiging' ertoe, met allerlei afleidingsmanoevres zoals riedels over verantwoording en grenzen stellen wordt vader onmenselijk uitgerangeerd, vadergevoel bestaat kennelijk niet, vaders moeten zelfs maar liever gevangen worden gezet. De volstrekt oneerlijke en onevenwichtige regelingen beslaan vanwege de helft van de vakanties toch zo'n 30% van een jaar. Een 'pretpapa rol' is geen doen, de regeling is al te nadelig en gedoemd te mislukken, de innerlijke conflicten zijn tegennatuurlijk. Steeds om de 2 weken van elkaar te worden geamputeerd, zo'n om de week weekend waarin de vervreemding en het gemis steeds duidelijker worden, 12 dagen verscheurd, het bestaan is geen leven zo. Omgang moet is het leidend principe, zogenaamd normaal vanwege Gauss maar in feite mismaakt. Het zijn geen goede vaders die met omgang genoegen nemen en meewerken met overheid&moeders aan familieONrecht, ook zulke nepperds zijn dodelijk voor echte vaders.

Met centraal het thema '(rechts)misbruik om te ontvaderen', worden voorjaar 2009 congressen georganiseerd om valse aangiftes beter te kunnen gaan herkennen. Politici zijn te laf om te gaan strijden, de volkskrant kopte "**mijn kinderen zijn vreemden voor me, mijn leven is kapot**", zedenzaken huiselijk geweld stalking onttrekking/ontvoering zijn bij scheiding plotseling uit het niets aan de orde van de dag, vaders zijn al de zwakke partij en door dit soort kwesties aan te kaarten wordt moeder bij gelegenheid door familierechters overal in voorzien en worden vaders onmiddellijk systematisch gemold, politie O.M. en alles&iedereen wordt daartoe ingezet, **bovendien wordt voor vader zodoende ook een goede en eerlijke rechtsgang onmogelijk gemaakt**. Ook al heeft vader recht dan nog wordt ONrecht afgedaan met 'sepotcodes', strafrecht wordt onmogelijk gemaakt en klachtprocedures verworden tot doofpotaffaires, rechtmartig gezien wordt vader met *'waarheidsvinding bescherming en herstel'* maximaal gedisrespecteerd! Het zou normaal moeten zijn dat vaders eraan kapot gaan en nooit meer kunnen functioneren, deze erkenning blijft vooralsnog ontkend mede doordat vaders zich symptomatisch groot houden en het zodoende principieel laten afweten. Februari 2009 werden voor het eerst 2 moeders veroordeeld, in België gebeurt dat al langer maar daar worden de veroordelingen nog niet geëffectueerd. Vaders worden ten onrechte veroordeeld voor o.a. stalking en onttrekking, dan is men er wel als de kippen bij om hem te straffen!

<u>Mediation-ouderschapsplannen-omgangshuizen-BOR, steeds meer noodzakelijk kwaad wordt gegenereerd</u>, hoe is het mogelijk dat vaders <u>om</u> hun kinderen moeten knokken en totaal vertrapt zich met niets moeten bewijzen? Met de gigantische institutionalisering van scheidingsindustrie en ontvaderingsmachines worden rechters advocaten RvdK en JZ dik voldaan, de infame minister Rouvoet van Jeugd en Gezin laat nu overal moeder&kindcentra uit de grond stampen, met afgunst naar een eigenlijk niet noemenswaardig deel van de emancipatiecentjes worden vadercentra gekloond, om overheidspropaganda op te leggen, **om socioses te versterken**.

<u>Het worden steeds lelijkere gemenere hoerigere tijden door toedoen van westerse overheden</u>, er waart een ziekelijke hysterie rond over onze toch al zwaar misbruikte planeet. Nogmaals socioses, bijv. ontaarde pseudologica zoals 'vrouwen komen van venus (en mannen dus van mars)' hetgeen polariserend en stigmatiserend als een universeel gifgas werkt, een vals gemeengoed dat als vanzelf gekoppeld wordt aan irreële misleidende hypes en mythes bijv. rond zwaaroverdreven 'agressie tegen vrouwen' met als vooropgezet doel een algemeen misbruik '<u>voor en door vrouwen</u>' en, '<u>over en zonder mannen</u>'. Kinderen wordt een lelijk manbeeld wijsgemaakt, ziek- en gekmakende vervreemdingen worden ontkend, van het leed en de onmenselijke gevolgen wordt weggekeken. Het doet er niet toe dat mannenbelangen worden beschadigd, kinderen worden mismaakt, als vrouwen er maar 'beter' van 'denken' te worden. Kennelijk vinden vrouwen het enkel al uit verveling hilarisch mannen schaamteloos belachelijk te maken, laf genoeg doen ze dit het liefst anoniem en onzichtbaar in de massa, vandaar het belang van een eenzijdig gerichte publieke opinie, vandaar de polarisatie en de valse beeldvorming, om zich zielig en zwak voor te doen en mannen als agressief weg te zetten, om stiekem mannen te mollen.

De overheid is gebaat bij zieke gestoorde criminele moeders als ze ten minste maar gaan scheiden, het zou normaal moeten zijn dat mensen hetero zijn en maar 1x trouwen, breken van gezinnen is in principe kindmishandeling en ook ontoudering is nooit normaal! Meestal betreft het ontvadering, een ongeschreven halsmisdaad, de helft van de vrouwen hebben zich afhankelijk laten besmetten met psychopraat, deskundigen staan te springen om iedereen hun foute riedels aan te praten, te verkopen. Misdadigsters weten zich veilig en dik voorzien en verzekerd met professionele staatsbescherming! Deskundige zakkenvullers en familierechters zullen nooit hun onmenselijkheden toegeven, daarmee zouden ze hun eigen hachje opgeven, **kinderhandel en ontvadering** zijn hun goudmijn!

Als een ware monopolist verbiedt de overheid KINDERHANDEL op internet. Kinderhandel rondom scheiding adoptie abortus is BIGBIZNIZZ, gesteund door overheidspropaganda met eenzijdige wetenschap waarmee de maatschappij beleidsmatig teleologisch mee is doordrenkt, honderdduizenden dienen **een staat van ontbinding**. SOS-papa heeft een lijvig rapport gemaakt waaruit blijkt hoe stuitend wordt gespeeld, instituten als RvdK JZ FORA positioneren met ontvaderingsexpertise hun kinderhandel-monopolie. Na ontvadering vluchten alleenstaande grenzeloze bodemloze borderline-moeders met de kinderen de grens over, op de vlucht voor hulpverlening die enkel uit is op ontoudering. Als het goed is ontlenen mensen hun identiteit niet aan school&werk maar aan hun families, authentiek en volwaardig i.p.v. civiel gereduceerd tot autonoom burger. Dat kinderen opleiding wordt onthouden noemt men kindmishandeling, scheiding en ontoudering (meestal ontvadering) is voor die zombies normaal, ook al zijn er geen redenen waarom vader niet voor zijn kinderen kan zorgen! Regering en parlement hebben zich graag totalitair laten programmeren met school&werk voor niet gegarandeerd inkomen medische zorg en pensioen, zien mensen als civiel stemvee en werkslaven. De staatsvertrutting is verhuftering, de omgekeerde wereld, vrijheden beperken om recht te kunnen doen, bullshit zulke non-sense!

<u>Doorzie het kat en muis spel, vrouwen 'bespelen' schaamteloos gevoelens</u>, plotten regisseren ensceneren emoties bij mannen, de vergelijk met 'loverboys' wordt nooit gemaakt maar slaagt voor 100%. Het ontvaderingsplan wordt door uiterst agressieve vijandige moeders uitgevoerd o.a. door angsten en slachtoffer-emoties te veinzen én, vader door de overheid liefst te laten opsluiten én, nog steeds met steun van de overheid 'al hun beoogde prooien veilig te stellen', kinderen centraal kinderen eerst heet het, shocking hell!

<u>Aantijgingen en karaktermoord</u>, voor eigen gewin worden kwaadaardige verwijten met kwalijke karakter en/of (gedrag)stoornissen onheus op mannen geprojecteerd. Zulke spelletjes zouden op zich makkelijk teruggespiegeld kunnen worden om zo de sloeries te ontmaskeren, en ook de misleidingen van deskundige zakkenvullers. Helaas kunnen de werkelijke gestoorde criminelen zich 'schuldloos' en onaanspreekbaar verschuilen. Laffe nepperds die bewust de plank misslaan om hun broodnodige terroriserende tirannieke boycottende dictatoriale despotische systeem 'veilig' te stellen om zich doodleuk als 'fatsoenlijke brave staatsburger' nuttig en volwassen voor te doen. Een vuile methode van projectie op projectie op projectie, een verwarrend kluwen met bullshit.

Huisartsen&scholen maken zonder meer foute verklaringen 'op zeggen van moeder' om vader in een kwaad daglicht te zetten.
Al zulke misdaden in de doofpot stoppen lukt vooralsnog, weliswaar is papier geduldig maar eerlijk duurt zo veels te lang! Volgens strafrechters lijdt moeder bij 'ontvoering' aan een wreed langdurig stervensproces, kennelijk seksegebonden want zo wordt voor vaders door dit soort beulen nooit opgekomen. Vaders worden gewoon maar best onmenselijk behandeld mishandeld en gefolterd, vaders zijn voor hun gemak beesten die op zijn hoogst als honden moeten worden behandeld! Vader moet gewoon kwispelend zijn mond houden en doen wat hem gezegd wordt, anders onmiddellijk straf en voor 5 jaar de gevangenis in! In België werd een moeder tot 2x toe voor 5 maand veroordeeld, daar gebeurt verder hoegenaamd niets mee, de schijn van goddelijke vrouwenverheerlijking.

Met gevoel voor drama wordt zelfreinigend 'alle schuld' bij mannen in de schoenen geschoven, verzekerd door een sektarische overheid die moeder maximaal voorziet en er dom en kinderachtig zelf ook 'beter' van 'denkt' te worden. Sinds de jaren '70 zijn geraffineerd wetsontwerpen ingeweven om moeders eenzijdig systematisch in ontvadering te voorzien én vader maximaal te slopen, ook financieel. Krachtig met satanisch genoegen (schaamteloos, schuldloos) worden zonder enige 'remmingen' kinderen en vaders mét ons rechtssysteem gemold, massaal zijn compulsieve meisjes/vrouwen/moeders en vele droplullo's daartoe voorgekookt!

Hierbij nog dank aan Minister Korthals-Altes van Justitie die 2002 GVN influisterde dat familierechters hét probleem zijn, zij jagen een vliegwiel aan legaal gesteund met een walgelijk feministisch staatscomplot tot een allesvernietigende **ontvaderingsmachine**.

<u>Socioses; door vooringenomenheden blijven absolute diepe systeemfouten bestaan én, het publiek verkeerd geprogrammeerd</u>. Onder de streep blijkt dat werkelijk gestoorde criminele vrouwen schandalig genoeg nog buiten schot blijven en door experts schaamteloos voorzien in een systematische samenspanning met ook niet-onschuldige omstanders!

<u>Een suf publiek vergaapt zich aan vermaak</u>, van hype®types als Dr.Phil en Oprah, allerlei 'professionals' spinnen garen bij het goedpraten van kwaadaardigheid. Nog afgezien dat scheiding nooit normaal is en in ieder geval niet deugt, is het weigeren samen te ouderen vanwege zorgmacht in principe antisociaal en onmenselijk! Ook jegens kinderen moet de opzet gekwalificeerd worden als **(vader-kind)mishandeling**, zowel sociopatisch als misdadig!

<u>Publiek maatschappij en samenleving zijn mismaakt, zelfverkokerd/autistisch en psychotisch</u>. Niet mannen zijn schaamteloos maar hoeven zich naar eer en geweten nergens over te schamen, juist vrouwen zijn schaamteloos en projecteren dat op mannen! De geluksjacht met verkeerde (seksuele) voorkeuren maakt iedereen ongelukkig!

<u>Ook genderwetenschap is eenzijdig gericht ongenuanceerd en niet serieus te nemen</u>, vanuit verkeerde aannames ontstaan alras meer manonterende mismaakte vooringenomenheden (bv. 20090131 op TV ene Joost Barelke.)
De genderlijstjes veroorzaken dat bij misdaden vrouwen nauwelijks en mannen meestal in de gevangenis komen (94%). Besef dat weeffouten beleidsmatig ook op gewone mensen geprojecteerd worden, selectieve misvattingen misleidingen en misbruik zorgen dat een onschuldige vader bij gelegenheid gecriminaliseerd kan en zal worden.

Opinies worden door manipulatie en eenzijdige propaganda veel krachtiger beïnvloedt dan werd aangenomen.
Ook intercontinentaal worden genderriedels uitgerold, net hoe het uitkomt onder de vlag van wetenschap en/of politiek. Hopelijk wordt het spoedig mogelijk hersenen te resetten, eigen wil is kennelijk genetisch bepaald en helemaal geen eigen keuze, de hersenen hebben allang een keuze gemaakt voordat het individu bewust wordt.
Nature bepaalt nurture, maakbaarheid is geen natuurwet, **natuurlijke chaos als ongeregelde vrijheid is orde**!

'Samen' met moeders maken overheden de controle over vaders en kinderen tot een voorzieningenmachine. Echt waar, mannen en kinderen zijn ook mensen, praktisch schermen foute 'nimby's' zich af om shockerende gevoelsarme verrotte vooringenomenheden te vergoelijken, mensen worden de grond in getrapt en vervolgens als gefrustreerd gestoord of crimineel en anders wel als te begaafd te gevoelig en/of te empatisch gekwalificeerd.

De integriteit van ouderschap wordt totaal ondermijnd, Jan de Wit (SP) roept op tot nog meer kinderrechters terwijl familierechters oorspronkelijk al het kwaad zijn, ook complotdeskundige QuikSchuijt zit hier achter. De overheid als **scheidingsindustrie, een ontvaderingsmachine** van advocaten RvdK JZ en nu ook mediators. Jan de Wit was ook aanwezig bij de presentatie van Joep Zanders 3ᵉ boek maart'09, hij was hoopvol gestemd maar ik zie niet in waarop, Onwil is wet en gelijkwaardigheid is niet geborgd.

Laten we het eens over vrouwen hebben gelijk vrouwen over mannen 'denken'! Voordat er iets is gezegd wordt men al plaatsvervangend kwaad, direct wordt de schuld op mannen geprojecteerd en zouden vrouwen worden gediscrimineerd. Mannen exclusief, dé publieke opinie is jarenlang over de eeuwen heen opzettelijk mismaakt.

Grenzeloze verkokerde riedels over 'volwassen verantwoorde eigen keuzes' maken alles kapot dat ons lief is, onder de noemer objectief en neutraal. Wapenhandelaars beweren ook onpartijdig te zijn net als familierechters, mensen zijn echter geen objecten. Deze idiote werkelijkheid is bij gelegenheid mogelijk vanuit een neo-liberaal marktmechanisme waar zonder rekening te houden met anderen (=objectief/antisociaal!) van alles te koop is.

Veronderstellingen als 'kinderen kiezen' en 'kinderen 100% bij moeder thuis', zijn wezenlijke en fundamentele misleidingen en o.a. oorzaak dat vrouwen dissociëren en bij gelegenheid indoctrineren scheiden en ontvaderen.

'Kinderen kopen' stond vroeger wezenlijk in een heuse liefdevolle context, **juist eenzijdige keuzes zijn fout**!

Schijnveilig en onder het mom van keuzevrijheid, worden moeders door westerse overheden fout voorzien van familierechters c.s. om gewetenloos grof bruut wreed massaal en bloedstollend kinderen van vaders te scheiden.

Bezwaren doen er niet toe, de onnatuurlijke dictaten zijn nooit van zijn leven te accepteren/tolereren, bijgevolg worden miljoenen gelijksoortige procedures gevoerd, meestal wordt vader 'in het kindbelang' maximaal gemold.

Het is killing (kinder)alimentatie te betalen wetende dat moeder die linea recta aan haar bijtadvocate doorsluist.

<u>Transgenerationeel en kwaadaardig</u>, om door polarisatie&stigmatisering hun eeuwige gelijk te verkrijgen (denk aan oma-moeder-dochter ketens), én om geen plaatsvervangende schaamte en wroeging te ontwikkelen. Innerlijk moeten ze hun halsmisdaden nog wel verdringen (*Past Reality Integration*), mede daartoe dienen 'voorzieningen'.

Door (kwetsbare moderne) mannen te bespelen/bestraffen wordt 'n irreële diepe historische (ver)geldingsdrang bevredigd (Pavlov, dominantie.) Er is geen ontkomen aan, willens en wetens worden onschuldige vaders gemold.

<u>Als een wanstaltige mannenhaatmachine</u> kwam februari 2009 een cardiologe op TV die daarom en daartoe feiten misbruikt om meer en meer vrouwenvoorzieningen binnen te halen. Zoals vele hooggeplaatste vrouwen zette deze cardiologe zich voor vrouwen in nevens het tegelijk zwartmaken van mannen, typisch gevalletje dat 'therapeutisch' werkt om haar haat te ventileren. Ook werden de onderzoekgegevens over kanker&hartziektes al vanaf het ANP selectief gemanipuleerd en verspreidt, mannenbelangen waren verwijderd en vrouwenkwesties werden gevarieerd verspreidt voor maximale effect. Vanaf de bron (ANP) wordt het gif gemengd, op RTL, bij de NOS en in Trouw ging het vervolgens slechts nog om kankervariaties bij vrouwen. Vrouwenartsen zijn wellicht speciaal nodig maar niet als het om algemene hartziekten en/of kanker gaat, **bestuurlijk moet vals spel onmiddellijk bestraft**.

'BewustOntvaderendeMoeders', het publiek wordt tactisch misleidt van de ouwe 'BewustOngehuwdeMoeders' naar het huidige 'BewustAlleenstaandeMoeders', dat ligt minder gevoelig en zal minder weerstand ondervinden!

Gebroken gezinnen gemolde vaders ontspoorde kinderen, de samenleving schudt op de gemolde fundamenten.

GVN liet van zich horen: regering, ministeries, Staten Generaal, deskundigen en professionals lieten het gaan!

Dat juist zorgvaders het moeten ontgelden, is het logische gevolg van irrationele pseudologica fantastica, dat met doortrapte irreële vrouwenlogica met terugwerkende kracht doet boeten, en voor zichzelf zo erkenning afdwingt i.p.v. ontkenning. Liefhebbende vaders en kinderen zijn uiterst kwetsbaar voor dit soort geweld dat als dodelijk gif decennialang de westerse wereld heeft doordrenkt, zodat stelselmatig gescheiden vaders worden opgeofferd.

'Je kunt er niets aan doen' en meer van zulke laffe opmerkingen horen zorgvaders van **BewustAflatendeVaders**.

<u>Medelanders al onze vrijheden worden ingenaaid</u>, om 'het grootkapitaal' te bedienen worden burgers verdomd en verstomd. Een verkokerende partijdige overheid objectiveert mensen tot 'autonome' BurgerServiceNummers.

Fundamentele grondrechten worden met democratische beginselen verkwanseld, natuurlijke dus pre-juridische principes dienen volwaardig en onverkort te worden gerespecteerd, laat kinderen bij vader&moeder opgroeien!

<u>In eenieders én in het landsbelang is 'meewerken' (moreel) verwerpelijk</u>, disfunctioneel en onverantwoordelijk. Er is geen aansluiting mogelijk (vgl. Oostenrijk vs. Duitsland 1940-1945). Vader wordt uitgekotst en geïsoleerd, raakt door alle stress en ONrecht chronisch getraumatiseerd, stelselmatig worden bewust misdaden begaan en, met projecties omgekeerd, velen begrijpen pas jaren later de knettergekke realiteit, **zo was vader niet getrouwd**!

Gelijkwaardige evenwichtige alternatieven zijn bij voorbaat kansloos, levenslang moeten gescheiden kinderen en hun (gemolde) vaders zonder kans op herstel en erkenning hun leed en ellende torsen. Criminele overheden en moeders nemen hun waanzin vervolgens vaders kwalijk! Een onaflosbare onbetaalbare (staats)schuld, een oorlog tussen vaders en moeders en één die haar weerga niet kent, professionals misdragen zich bewust ziende blind en horende doof ook voor (gevolg)schade! Belachelijk schokkerend schandalig afschuwelijk gruwelijk en verachtelijk hoe met kinderen en hun vaders wordt gesold! Foute achterbakse nepperds hebben stilaan hun ongure pedo- en pseudologische ontwerp in elkaar getimmerd, bij gelegenheid nauwgezet gemodelleerd om eenzijdig door te slaan in het schaamteloos beschadigen van mannenbelangen, om laf en zonder schuld(gevoel)&vervolging mannen en kinderen 'vrij&blij' te mishandelen&misbruiken&misvormen, **om maar geen liefde&zorg te hoeven 'geven'!**

Ons rechtssysteem is op een snode manier gekaapt, met likken&lippendiensten zijn in achterkamertjes eenzijdige wetsontwerpen gepeesd/afgewerkt (vgl. enclosure/grootkapitaal vs. zorgmacht.) Laffe amorele gezagsdragers en principeloze wereldvreemde hoogwaardigheidsbekleders zijn gewillig en bewust voor schut en voor gek gezet.
Fundamentele grondrechten zijn zonder debat en contra-indicaties (ongegrond) verkracht en op de helling gezet, uit liefde met bedrog verkwanseld **om rechtgeaardheid te vervangen met smakeloze selectieve voorkeuren**.
Voorbedacht worden non-discriminatie gelijke behandeling en kansen misbruikt om te misleiden, een wereld van afwijkingen met als misdadig hoofdeffect dat normale kinderen en hun vaders worden gescheiden en opgeofferd.

Parallel is politieke en publieke opinie zodanig gemanipuleerd, dat snode misdragingen misleidingen misbruiken misdaden en obstructies niet eens als terreur worden aangemerkt! Niet iedereen is zo harteloos en liefdeloos of heeft geen gezond gevoel en verstand en/of innerlijke beschaving, wie de schoen past trekke hem aan. Er heerst ook nogal wat ruis in 'de publieke opinie', vervuild door schreeuwlelijke ontvaderende misdadigsters en die zich al te vaak stiekem thuis aan kinderen alcohol wiet en/of andere drugs laven (internet en date-agenda op schoot!)

Foute wetgeving is jarenlang 'en plein public' slinks ingeweven en wordt massaal misbruikt om te ontvaderen, én voor meer eigen gewin voorzieningen eenzij-ig aan te wenden. Gescheiden kinderen en hun vader wordt expres levenslang ONrecht aangedaan, worden systematisch beschadigd en getraumatiseerd. 'Mooie' partijprogramma's verschonen parlementariërs en regeringen die zichzelf voordoen als waarachtige 'volksvertegenwoordiging'. Tja, op eigen initiatief beperken regeringen vanwege fatsoen (!) algemene vrijheden zoals vrijheid van meningsuiting.

Kwajongens uit Weesp worden zonder pardon voor 14 dagen vastgezet, tegelijk loopt een dreigbrievenschrijver meteen vrij rond, maar erger nog is dat professionals elkaar de hand boven het hoofd houden **om** slachtoffers niet te helpen/compenseren, zo vult de linker- de rechterbroekzak en andersom. Tuchtzaken leiden nergens toe (bv. verkeerde diagnoses Alzheimer), ik heb nu zo'n kwestie aangaande advocaat van Lieshout bij de Orde van Advocaten Utrecht aangekaart. Zij staan toe dat hun collegaatje *ook* middels mediation de boel flest en tuthola probeert me af te schepen, dit zijn **stelselmatige doofpotaffaires in het belang van professionals&overheid**!

Hoogwaardigheidsbekleders vanuit Romeins gezag (kapitaal), i.t.t. Kelten met hun verfijnde metaaltechniek en kernwaarden als coöperatie en humanisme tegen het machtige Romeinse Rijk (verdeel&heers, machtsmisbruik.)
Corrupt en moegestreden heeft het christendom zich laten inlijven, de Keltische cultuur (handel en sieraden) werd daarna onder de voet gelopen ook niet opgewassen tegen de overmacht geleidt vanuit een centraal gezag met een economisch gebaseerd op oorlog en cement. Zulke overheden bestaan slechts als noodzakelijk kwaad, onderdrukken en manipuleren voor eigen conservering, westerse scholing en werk zelfs zonder brood en spelen.

Tegenwoordig meent hetzelfde grootkapitale gezag, door reductie en selectie van feiten wetenschap context en samenhang, zich te kunnen permitteren de alliantie met het christendom met strikte secularisatie en introductie van allochtonen naar de hand te kunnen zetten. Zieltjeswinnen werkte maar blijkt na 1500 jaar niet veel waard, uit macro-economische motieven moet nu alles maar kunnen, zieke afwijkingen ophangend aan progressie t.o.v. conservatief of religieus, pseudologische illusies - een krankzinnige werkelijkheid - hoerige tijden! De Romeinse graai/gezagscultuur blijft bestaan terwijl de samenleving hunkert naar natuurlijke (Keltische) normen en waarden.

Na scheiding geldt keer op keer de wet van Murphy, levenslang vader- en kindleed worden stilzwijgend ontkend. Gescheiden kinderen zullen net als adoptiekinderen allicht zijn behept met *PTSS, Stockholm-syndroom, PAS* (het oudervervreemdingsyndroom) maar ook *vaderschap- gezins- en kindgemis (vaderleed)* en vooral niet te vergeten *vijandig ouderschap* blijven als stressfactoren on(h)erkend. Alsof er niets aan de hand is en gescheiden kinderen alle kansen hebben. De meesten zullen zich als brave individuele burgers gaan gedragen om maar niet aan hun volwaardige authentieke identiteit herinnerd te worden. Sommigen gaan op zoek naar hun vader daar tegenover verhangen even zovelen zich, een vergelijk met oorlogskinderen is voor een groot deel niet misplaatst (Marco Borsato!)

Goh wat een pech, jammer dan, zonder vader geen onbezorgde jeugd, al die nepouders en steeds weer nieuwe families, veel te vroeg wijs, tot op de ziel gewond, gebroken harten, 'gewoon' onacceptabel risico op ONgeluk!

Een misontwikkeling waarvan de effecten zich (nog) niet ten volle uiten, een ongeleid projectiel, een tijdbom!

Wijze moedige en bezorgde Amerikaanse pro-life feministes, erkennen&belijden collectief schuld: *"wat hebben wij in vredesnaam onze mannen en kinderen aangedaan."* Zoals we ons de slavenhandel beseffen weten we ook best wel dat agressieve vrouwen mannen beledigen knechten mishandelen vertrappen mollen en vermoorden, we weten best wel dat foute feministes c.s. woest eenzijdige geschiedvervalsing plegen bijv. door 'vrouwenonderdrukking' te generaliseren en aan paternalisme te koppelen. We weten best wel dat alles zwaar overdreven en zoveel mogelijk uit de context wordt gerukt (bijv. kapitaal kiesrecht en wetgeving.) De verkeerde voorstellingen en verhoudingen dienen om vrouwen mooier voor te doen dan ze zijn én om mannen in een kwaad daglicht te positioneren om vervolgens overal hysterische leugens op te projecteren. Vrouwen 'denken' er 'beter' van te worden, of 'denken' 'beter' te worden, of 'denken beter', whatever, ondanks de 'allianties en meeste stemmen' doodziek en afwijkend!

De meeste stemmen gelden, is op zich geen democratisch principe en als zodanig zelfs barbaars, althans als het om andermans leven gaat, immers over merk of kleur van mascara of hoe vaatdoekjes gevouwen moeten worden valt niet te twisten. Stemming maken/peilen geeft 'gevoel voor verhouding' maar mag nooit ontvadering dienen.
Stop alle gevoelloze junkgedrag (plussen/minnen) over kinderen&vaders, wij zijn wel gevoelige levende mensen!

<u>Obama, familierecht werkt niet,</u> Tony Blair meldde 2007 verkeerd te zijn voorgelicht over (westers) familierecht, hier deed hij en daarna ook Brown niets mee, ook in NL rijzen (justitie)begrotingen oncontroleerbaar de pan uit!
Het moet en kan anders, stop de leugens en halve waarheden om het eenzijdige mes aan twee kanten te laten snijden, stop het beschadigen van kind- en mannen(belangen) en stop het bevoordelen van vrouwen(belangen.)

<u>Vanuit het perspectief 'economisch autonome gereduceerde burgers' is er ook geen voorspoed te verwachten,</u> als blijkt dat een 20-uur-bepaalde-tijd-baan niet opschiet? Als 'graaiwolven' de economie berekenend laten instorten?

Dankzij falend laf bestuur, grijpen onverdraagzame despoten 'hun kans' om zich mateloos te misdragen, om met leugens en machtsmisbruik derden meedogenloos ONrecht aan te doen en vervolgens pedant normen waarden en fatsoen te misbruiken om onbewogen op hun slachtoffers met menselijk gedrag 'karaktermoord' te plegen. Bij gelegenheid want bij waarheidsvinding en een correcte rechtsgang zouden onbetamelijkheden onacceptabel zijn.

Valse beeldvorming door uitgelokte emoties te positioneren, als kon er al nooit normaal met hun prooi gepraat worden. Smadelijk en lasterlijk wordt met termen gesmeten als 'onredelijk, spoort niet, mateloos, geen respect, als een kind zijn zin doordrammen dus onvolwassen en gezagsproblemen'. Met zulke projecties legitimeren de misdadig(st)ers zichzelf en hun op overheidsinterventie gerichte dictatuur (macht, samen sterk.) Dit soort laffe streken kunnen slagen omdat lippendienst inkomen voor overheid en professionals genereert, **misdaad loont**!

<u>Dus worden de werkelijke misdadig(st)ers beschermd</u>, en hun antisociale misdaden gelegaliseerd, de schreeuw om aandacht van deze sociopaten blijft ook onbeantwoord. "Laten we blij zijn, toch?" riep minister president J.P. Balkenende 'trots' met schwung en uit volle borst, christelijke positivo gedrag om na te laten slachtoffers en ONrecht aan te pakken, ook J.P. doet zich niet anders voor dan een wereldvreemde 18^e eeuwse 'liberale' reder.

<u>"Laten we boos zijn en echt ons stinkende best doen, ons echt goed kwaad maken"</u> is het enige gepaste devies.
Antisociale non-coöperatie bij scheiding lijkt welhaast gewoon normaal, alle onrecht aangedaan aan kinderen en vaders en alle aangerichte schade blijven echter bestaan, eerlijk duurt heel lang maar ooit zal het recht zegevieren.

<u>Ook is de publieke opinie irreëel en vertrut</u>, zodat destructieve assertieve agressieve vrouwelijke karaktertrekken buiten beschouwing blijven. Bij kritiek op vrouwen wordt men impulsief kwaad om 'af te leiden' en de kwesties automatisch naar mannen te kantelen, koud kil en genadeloos. De man *is* meteen vrouwenhater en kansloos, ook op de opportune illusionistische relatie'markt'. Als na-scheiding een andere vrouw naast/achter vader staat dan kan *dàt* volgens de ex nooit een fatsoenlijk exemplaar zijn, de ex heeft niet voor niets de relatie verbroken (door zijn schuld!), met haar wetenschap dat mannen enkel uit zijn op seks (zorg&liefde is enkel van vrouwen) kan hij slechts naar de hoeren. Hij zal nooit meer een 'goede' vrouw vinden (zij gunde hem de kans, heeft zich vergist en treft geen blaam), zulke doortrapte vrouwenlogica is te dom en kinderachtig voor woorden. Gezien de projecties is er kennelijk nogal wat te verhullen, wellicht dat veel vrouwen na zwangerschap plots frigide zijn, zich leeg en bodemloos in de lappenmand wanen? Om zulke leegtes te vullen praten ze elkaar met feministische non-sense naar de mond (hartsvriendinnen, theekransjes, OPZIJ.) Onverklaarbaar lijkt tot nu toe alle verontmenselijking, leest u gerust door, hoe is het toch mogelijk dat eeuwenlang zo ongevoelig met kinderen&vaders wordt gesold?

<u>Geen rechtvaardigheid zonder gelijkwaardigheid</u>, in verhouding tot mannen ontpoppen veel meer vrouwen zich als gehaaide assertieve agressieve entrepreneur, en dat in deze hoerige tijden boordevol eenzijdig absolute fouten!

Ook 'vrouwenempowerment' is als een helse wereldwijde heksenjacht op mannen(belangen), eigen mening eigen richting, alle handen aan dek en alle zeilen bijgezet op koers met volle kracht vooruit met een volledig opgetuigd oorlogsschip! Ook werken media al te zwakzinnig mee, wanneer het om 'ouders' gaat worden steevast moeders bedoeld en, is er vast en zeker weer wat te reclameren. Nergens wordt volwaardig voor vaderschap opgekomen, integendeel zelfs! De schijndemocratische idiotie wordt met repressie zodanig uitgevoerd dat de misdaden tegen de menselijkheid vooralsnog verborgen blijven, 'goed' geborgd door amorele trutten&hufters in een diabolische rechterstaat waar niets aan waarheidsvinding wordt gedaan en (familie)ONrecht voortdurend zelfverschonend wordt ontkend. Veel verwende vrouwen hebben nooit hoeven bukken (voor rozen) en knechten hun mannen, haar illusies schijnen o zo mooi maar zijn reëel gezien eigenlijk heel erg dom en lelijk. Vrouwen mogen zichzelf best kunstig en leuk op (laten) pimpen om hun verleidelijke en bedrieglijke maniertjes en praatjes aan de man te kunnen brengen, ondertussen hebben foute types met valse kwaadaardige intenties schaamteloos misbruik weten te maken van het vertrouwen dat nietsvermoedende (hardwerkende) mensen hebben. Met 'ICT-communicatie-netwerken' werd vanaf jaren '90 massa-manipulatie logistiek makkelijker, vele werknemers werd de vrouwelijke manier "om te gaan met" aangeleerd en anders 'uitgesloten te worden' én, fataal voor gezond gevoel&verstand. Professioneel wordt 'communicatief' afgepoeierd/uitgesloten om rechtsgang en waarheid onrecht aan te doen!

Ethiek en moraal hebben op zich niet zozeer met religie(s) te maken, danwel met humanisme. Zich progressief noemende lieden vervuilen alles met 'zwaar bevochten verworvenheden' en conserveren zo hun absolute fouten en nepcultuur. De keuzes over andermans leven zoals scheiding-abortus-adoptie zouden aan menselijke criteria als ondraaglijk en uitzichtloos moeten worden getoetst. Kerngezinnen en gelijkwaardigheid verdienen onverkort en onvolwaardig respect, kinderen en moeders beschermen is op zich vast nodig maar, nooit om te ontvaderen!

Amoreel antisociaal neo-liberalisme, om mensen met school-werk-zorg tot stemvee en inkomensgerechtigde werkslaven te 'civiliseren', zogenaamd progressief beschaafd en volwassen. Pedant en despotisch wordt alles en iedereen gepolariseerd en gestigmatiseerd, enige kritiek wordt al snel als verzet agressie en misdraging uitgelegd, een ruzietje is huiselijk geweld, vrouwen gaan tekeer en zich te buiten mannen raken geïsoleerd en aan de drank.

Scheiden werkt voor meestal vaders als een clusterbom, kansloos bij voorbaat gedoemd alles te verliezen en als gevolg zwakzinnige rechtszaken althans van zijn kant, aan moeders kant wordt juridisch maximaal bewapend, om vaders rechtens 'met chirurgische precisie te fileren' en bij die walgelijke praktijken ook nog 'dé karaktermoord'. Vader moet ongewapend voor zijn kinderen vechten tegen het dodelijke overheidsgeweld en de moedermaffia, gedoemd te verliezen en ook voor zijn advocaat is geen eer te behalen. Veel vaders raken hun baan kwijt, raken dakloos en aan de grond, kunnen zelfs geen omgangsregeling nakomen (binnenkort op straffe van dwangsom?)

Ook kinderen wordt van alles wijsgemaakt, dat ze op hun 12e moeten 'kiezen' tussen hun ouders wat barbaars is en manipulatie uitlokt, bovendien krijg je van kiezen kiespijn. Gescheiden kinderen durven hun moeder niet aan of af te vallen, worden emotioneel onderdrukt en nemen alle oneerlijkheid en onrecht 'voor lief', ze verdringen hun gemis aan vader, verloochenen zichzelf en vluchten van hun leed en ellende, worden te opstandig of passen zich aan, plassen in bed zitten in de knoop klem en in de knel. Ontwikkelen ziekelijk door ontbreken gezonde familiebanden, identificeren zich (node) met succesrijke yuppieachtige VIP's, met een schijnwereld, virtueel en verontmenselijkend. Zonder medemenselijkheid is er veel vereenzaming uitval en verwezing, het leven lijkt eerst nog geweldig althans zolang je erbij hoort, voor de meesten gaat de Amerikaanse droom niet op en zelfs dan valt die bijna altijd aan gruzelementen, daar hoort niemand dan van behalve als het om mediageile 'celebraties' gaat.
Foute moeders doen alsof vader niet bestaat, zeggen zelfs dat hij dood is, kinderen worden stelselmatig misleid, zoals alles en iedereen heel foute verkeerde beelden onderhouden en heel verkeerde foute voorbeelden geven!

Vaders komen er nooit meer bovenop, gaan zo goed mogelijk verder met (over)leven althans voor wat dat nog waard is, moeten tegen wil en dank schier onmogelijke opgedrongen keuzes uit kwaden maken, 'wonen' ver weg in caravans of garageboxen, komen in de ZW-WW-WAO-bijstand, raken verslaafd aan alcohol en/of drugs, zijn allenig en krijgen van iedereen ruzie, overlijden veel te jong aan kanker hersen- en hartinfarcten en, zelfmoord. Het is ook niet zo gek dat getraumatiseerde vaders overal ruzie krijgen en zich nergens veilig kunnen voelen!

De onmenselijke afwaardering van gezinnen, (lees family-life!) gaat alle verhoudingen te buiten en garandeert een ongezonde samenleving, in de huidige westerse wereld worden de gevolgen van sociale instabiliteit steeds erger, ook de zorgsector vaart daar wel bij. Schandalig (abject) hoe grondwet, EVRM&IVRK democratische beginselen (eerlijk&menselijk) samen met fundamentele vrijheden worden verkwanseld. (Familie)rechters schenden massaal systematisch wreed&bruut dictatoriaal tiranniek teleologisch vanuit **hun pedologische terreur**, een door experts gestutte ontvaderingsmachine waar geen mens tegen is opgewassen. Progressie en technocratie vóór alles, ook de medische ethiek corrodeert (wet BIG.) Begin 2008 ging de Australische regering uiteindelijk door de knieën, de Aboriginals kregen erkenning voor het afschuwelijke familieONrecht wat hen meer dan een eeuw is aangedaan, het betrof **'assimilatie'** dat wil zeggen kinderen werden geroofd om zogenaamd te voorzien in goede scholing en toekomst, Canada gaf herfst 2008 toe stelselmatig kinderen van Indianen en Eskimo's onheus te hebben geroofd.

Historische clichés zoals 'de handen in onschuld wassen' en 'befehl ist befehl', doen het kennelijk nog 'goed' en wellicht steeds 'beter', Peter Prinsen schreef essays en trok o.a. een vergelijk met Stasi-praktijken en de Shoah.
Na jaren of zelfs decennia gaan vaders 'in het algemeen belang' moegestreden liefdeloos en eenzaam ten onder.

De gevolgen van 2-kind-gezinnen, worden ook niet overzien, om te beginnen ontstaat er te veel weinig variatie in persoonlijkheden, de saaie uniformiteit van kinderen vooral ook in gedrag druipt er nu al vanaf, de gevolgen voor bijv. creatieve innovatie maar ook voor onderhoud van complexe systemen laat zich raden. Voor continuïteit zou 7 kinderen per gezin optimaal zijn, nu ontstaan enorme generatiekloven zodat een tekort aan bruggenbouwers en ervaring ontstaat. Professor De Hoog heeft hier nooit op willen reageren, als kruiwagen van emancipatiezaken en NGR lachte hij me uit toen ik 'een minister familiezaken' opperde, zijn reactie "hahaha je wilt een minister voor vaders!"

Niet zozeer in moslimlanden maar hier in Nederland is zorgmacht achterlijk en omgang dwaas, 'omgang' is per definitie een vorm van ontvadering, praktisch een gelegaliseerd duurzaam kindmisbruik gedoemd tot mislukking.

Vanwege alle ONrecht en rare verhoudingen zijn gezonde vader-kind relaties niet mogelijk, onmachtig kunnen vaders niet eens zichzelf beschermen tegen al het overheidsgeweld en de moedermaffia, laat staan hun kinderen!

Systematisch wordt met onevenwichtige discriminatoire vonnissen een 'apartheid' geforceerd, tussen ouders met vaders als laatsterangs. Nog afgezien hoe het met vader afloopt, bekend is dat gebroken gezinnen onacceptabele risico's lopen. In 2008 zweert Hirsch Ballin, minister van Justitie, op 'vrijheid-gelijkwaardigheid-broederschap'!? 2008 was ook het jaar van gelijke kansen, enkel lesbo's hebben daar voordeel aan behaald dus vaderbelangen zijn verrminderd en nog verder achtergesteld!

Het bedrog over gelijkwaardigheid, onder het mom van gelijke kansen en kindbelang dient amorele neo-liberale antisociale leugenaars en kinderdieven die het zelf zo nodig hebben anderen te mollen. Het met kindmisbruik en obstructie beschadigen van vadersbelang is moeders belang, in België heeft men de absolute fouten erkend (er is fundamenteel geen contra-indicatie) en heeft men gelijkwaardig ouderschap met de bilocatiewet gewaarborgd, nu wordt met man&macht gewerkt aan gelijke (fiscale) behandeling! Kutnederlanders, hier past hulde aan de Belgen!

Met amorele moderne vrouwen is het slecht beschuitjes eten, er is continu ruis en er valt dus gewoonweg nooit te praten, dat komt wellicht omdat ze zich op venus wanen, het appél van fout feminisme zit in hun systeem, de man is het kwaad en feilloos draait daarom alles om. Maar goed, dat herkennen mannen pas als het te laat is, laten we het eens over gezin en geboorteregulatie hebben, van jongsaf is mevrouw al gedeformeerd met doxa's, de pil en haar 'macht', ouders zouden samen voor 2 kinderen 'kiezen'? Ammehoela, ook al laat ze handig de eer aan de man de vrouw beslist, wanneer een man 5 kinderen zou willen heeft hij niets in te brengen. En als (jonge) mannen al betrokken worden is er iets aan de hand en wordt hij gecompromitteerd, denk daarbij aan abortus.

Meestal zijn vrouwen dominant, met zelfontwikkelde creatief communiceren schijnbaar beschaafd en progressief speelt praktisch een despotisch gewelddadig achterlijk complot, voorzien door de overheid zijn foute vrouwen dé moderne bullebakken, vooral geëmancipeerde vaders en hun kinderen zijn de dupe. Als een olievlek verspreidt zich de waanzin, wereldwijd doen steeds meer vrouwen zich onheus en superieur voor en tonen eenzijdig het foute voorbeeld. Vooral onze dochters internaliseren zo alsof ze vanwege hun geslacht belangrijker zouden zijn en zelfs bovenmenselijk. Ook is liefde het slachtoffer van deze geïndividualiseerde nepsamenleving, onecht en gewetenloosheid zijn troef in de bedrieglijke jacht op gemak, arme kinderen meestal hun vader en zijn familie.

Uit (irrationele) angst niet te kunnen liefhebben en als een slechte moeder te worden ontmaskerd, is het logisch dat met zorgmacht moeders het kinderen en vaders onmogelijk maken een goede band op te bouwen. De angst alleen dood te gaan wordt op vader en kinderen afgewenteld, om ook haar oude dag 'emotioneel' veilig te stellen worden kinderen ongezond gebonden, tegelijk weet moeder dat ze vaders leven en oude dag helemaal verpest. Illustratief voor al het bedrog met liefde is bv. een corrigerende tik als "ik hou niet van kinderen die jokken." Bedrog met liefde ter compensatie lijkt de gewoonste zaak ter wereld, denk aan tienersletjes en loverboys.

Moeders zijn openlijk bezitterig (mijn kinderen!), in 1923 werd het gedicht "**jouw kinderen zijn jouw kinderen niet**" van *Kahlil Gibran* uitgegeven, wezenlijk laat dit zien hoe fout zulk claimgedrag eigenlijk is (ook kinderen en vaders zijn mensen en geen gevoelloze objecten!) Nog een toegift wat ogen zou kunnen openen: *Thomas Gordon's* "**credo voor relaties**" uit '*luisteren naar kinderen*'! Typisch dat juist nu rechters 'actiever moeten gaan luisteren!'

Familierechters blijven oorzakelijk schuld aangaande hun circus rondom 'effectieve ontvadering', door misbruik van het ongedefinieerde containerbegrip 'kindbelang' wordt moeders belang maximaal gehonoreerd. Griffiers en familierechters, rechtbanken en gerechtshoven, Raad van State en Hoge Raad produceren, voorgeprogrammeerd en in samenspel met moeder en haar bijtadvocate, op basis van vreselijke verschrikkelijk kwetsende krenkende aantijgingen, gestandaardiseerd doelgericht massaal en systematisch **unfaire onmenselijke mensonterende dictaten** waarbij het niet eens om 'het kind' gaat maar enkel en alleen om vader met subtiel jargon af te serveren! Schaamteloos worden achter gesloten deuren de grootste misdaden aller tijden gepleegd, **SCHANDE**!

Ontvadering kent vele vormen, waarbij moeder meestal al tijden eenzijdig de oorspronkelijke agressor is. O.a. is en blijft abortus moord, daarbij ook de meeste kindermoorden worden door moeder en/of haar aangepaalde vriend gepleegd. Bij gelegenheid wordt met kwaadaardig gesol met kinderen eenzijdig voorzien in de zelfzucht van amorele vrouwen, de technocratie wordt onder het mom van goede moraal en vooruitgang misbruikt om over andermans leven te 'kiezen', nieuw is bijv. embryoselectie. De stichting "schreeuw voor leven" wil - om de realiteit te benadrukken - foetuspoppetjes opsturen naar doelgroepen, dat wordt zeer kwalijk bevonden door staatssecretaris Bussemaker weliswaar op aanvraag van de PvdA, weet u nog wel, de Partij van de gelijke kansen!

Totaal respectloos wordt vader beroofd van ook zijn kinderen, en worden onder het mom van 'onvolwassen onverantwoordelijk grenzeloos' dom en kinderachtig zijn grondwettelijke vrijheden levenslang aangetast, niet vader is de verkrachter die respectloos penetreert in andermans ruimte! Koud en kil schrijven voogdinnen, Raad van de Kinderbescherming en Jeugdzorg hardnekkig hun pedologische ontvaderingsexpertise in kwaadaardige lichtzinnige kortzichtige rapporten. Eind 2008 werden 2 Turkse jongetjes zo in een westers lesbogezin gezet, van staatswege wordt hitleriaans (*Roos van Leary*) onder het mom van kindbelang pedant en despotisch opzettelijk gekwetst beledigd gekrenkt en onteerd, het resultaat is erger nog dan pedosexualiteit of zelfs erger nog dan het overlijden van je kind! Ook NL slaat onmenselijk en hartverscheurend door, disrespecteert vaders maximaal en schuwt het niet zelfs andermans overtuiging religie en cultuur te kleineren! Neo-liberaal wordt economische autonomie verheven ten koste van menswaarde en authenticiteit, bah, pedagogen zijn zelf vuile viezeriken!

<u>Slechts aan kerngezinnen en daarmee een rechtvaardige samenleving</u>, ontleent de overheid haar bestaansrecht. Welnu, onze economische overheid compromitteert en corrumpeert kerngezinnen en families door tussen vaders en moeders een onwaarachtige polarisatie op te zetten en te onderhouden met <u>hun</u> kinderen als wapen en <u>onze</u> samenleving als schild. Met een hardnekkig geconditioneerd vooroordeel waarbij vaders standaard als gevaarlijk worden verdacht en meteen van moeder (en <u>haar</u> kinderen) zal worden gescheiden. Hoe pijnlijker het voor vader is hoe beter, systematisch wordt hij uitgevlakt, in de media wordt hij nooit als vader maar altijd als agressieve ex-partner gepositioneerd! Het is een grof schandaal dat en hoe vaders worden gediskwalificeerd gedisrespecteerd en mis(be)handeld, ongelooflijk dat kwellingen kwetsingen krenkingen beledigingen onteringen verscheuringen ontzettingen en verschrikkingen jegens vaders gewoon normaal worden geacht, het slachtoffer krijgt zelfs de schuld (blaming the victim), vreemd en verdraaid deze omgekeerde wereld en dat gaat ook zijn kinderen aan!

<u>Gewoon belachelijk grijpt de overheid zonder reden scheiding aan om gezinnen te splijten</u>, kinderen van hun vader en zijn familie te beroven (vice versa), vaderschap alvast te kapen voor een onbekende, de gelegenheid maakt de dief en gestolen goed gedijt niet! Ook wordt vader naast alle folteringen financieel geplunderd, alle instrumenten worden misbruikt om hem 'veilig' te deporteren. Een ontvaderingsproces van traumatisering, trematisering, neurotisering, psychologisering en criminalisering. Familierechter QuikSchuijt stelt dat kinderen voor 100% bij moeder thuis horen, ondanks de verrotte invloed van vijandige moeders met hun bedrieglijke zorg&liefde (vaak ongezonde geheime familiebanden!), werkt uiteindelijk de regel: "vaderschap bevalt het best!"

Vaders raken levenslang ontzet ontheemd ontwricht en verlamd, bij de ontdekking niet enkel rechtens totaal te worden gedisrespecteerd maar ook te worden uitgesloten op basis van leugens door moeder en valse rapporten van deskundigen, het maakt niet uit of vader kostwinner was of het huishouden deed, de reële wereld stort in! Ontvaderingen zijn onbegrijpelijke eenzijdige destructies van 'de westerse wereld', doodzonde en misdadig. Met name voor zorgvaders is alles gedoemd te mislukken, het is voor vader gewoon nooit goed te doen, alle krenkingen kwetsingen kwellingen beledigingen breken vader tenslotte op. Kinderen raken vervreemd en misvormd, worden mismaakt gewend aan leugens en bedrog van een ontvaderingssysteem voor foute moeders.

Eerst nog te goeder trouw, en vol vertrouwen in deskundigen en het recht raken vaders diep geschokt en hevig verontwaardigd over wat hen en hun kinderen wordt aangedaan, ook coryfeeën als Bob Geldof, Paul McCarthy, Alec Baldwin, Britney Spears overkwam dat. Verbouwereerd en totaal verbijsterd over de uitputtingsslag, het levenslange vader-kindleed aangedaan en schade ellende problemen stelselmatig aangericht. Het familieONrecht en volledige disrespect jegens vader in schril contrast tegenover allerlei afwijkende voorkeuren, en dat terwijl kinderen recht hebben op hun biologische ouders (hetero's) v.v.! Besluit gewoon voor win-win of verlies-verlies i.p.v. onder het mom van kindbelang vaders uit te sluiten en ONwelwillende moeders maximaal te voorzien.

Gescheiden kinderen passen noodgedwongen hun systeem ego-defensief aan, (ook in hun gedrag) om de idiotie zonder hun vader te overleven, smakeloos wordt vader vervangen door een 2ᵉ moeder (de lesbo 'voelt' zich bij gelegenheid vader) of door aangepaalde neppapa's. Logischerwijs hechten kinderen zich aan de daders van ontvadering en raken nog meer ontwricht wanneer dit soort relaties na een tijdje weer kapot gaan. Kinderen doorzien de misdaden niet en verstoten hun vader om hun eigen geluk te claimen, vader wordt weer slachtoffer.

Zoals het nu gaat ontwikkelen kinderen vanzelf een negatief vaderbeeld, hebben het moeilijk met beide ouders omdat ze klem zitten, als vader zich verlaat op de Raad en de rust gaat het mis, het kind gaat vader haten, GVN raadt natuurlijk tegenwicht aan, bescherm je kind zelf en ga er steeds iedere dag naar toe, zeg regelmatig dat je van hem/haar houdt en dat hij/zij altijd bij jou thuis mag komen en dat je voor hem/haar zal zorgen, dat het niet zijn/haar schuld is maar van moeder, RvdK, JZ, maar bovenal rechters en politie! Dat hij/zij gerust van mama mag blijven houden en met de hartelijke groeten van oma opa tantes ooms nichtjes en neefjes! Vanaf een jaar of 5 moet gezien gemiddelde omstandigheden zo'n inzet normaliter kunnen, realiteitszin is het beste uit kwaden.

Het vaderloze gezin, vanaf 1972 werd voor "bewust ontvaderende moeders" begonnen met het meest brute wrede grove antisociale eenzijdig geraffineerde massieve machtsexperiment uit de geschiedenis van de mensheid.

Verantwoordelijken hielden zich tot nu toe 'wijselijk' muisstil (onder het mom van goede moraal, politiek correct, normen&waarden, coöperatief, leuk samen, fatsoen, positief, gedrag) reëel gezien harteloos en laf ontkennend bij gebrek aan (innerlijke) beschaving. Om niet de schuld te krijgen van het verkwanselen van principes, aangedane shockschade en familieONrecht bekijkt men de kwesties onheus genuanceerd en redelijk. Stemmingmakerij, een democratie van leugenaars en (kinder)dieven, meeste stemmen gelden als recht van de sterkste, het bestuur wikt en het klootjesvolk wordt – net als bij andersoortige crisissen - bang dom kinderachtig en in bedwang gehouden.

Vrouwengekte, vrouwensekte, de scheidingsindustrie als vernietigingskamp, een ijzeren ring van familierechters politici overheidsinstanties een leger van deskundige zakkenvullers O.M. en politie. Gescheiden kinderen meestal hun vader en zijn familie worden kansloos gemaakt en door overheidsgeweld&moedermaffia tot in hun diepste wezen gekwetst en gekrenkt, fundamentele vrijheden worden ontnomen met gevolg een eenzijdige destructie die ook historisch haar gelijke niet kent. Het is ronduit schandalig hoe oneerlijk en onmenselijk er met kinderen en vaders wordt omgegaan! Er wordt gezegd dat het best wel goed gaat (zolang er geen rechtszaak is!), gescheiden kinderen echter verdringen hun problemen, losgeslagen natuurlijke verbanden raken verwrongen, een verweesde maatschappij die het om te beginnen niet meer waard is samenleving genoemd te worden. Medelanders houden zich liever afzijdig ontkennen en kijken stilzwijgend weg, toch is zowat iedereen (in)direct geraakt, wellicht al de helft van de vrouwen is inmiddels kwaadaardig ingesteld ook al doen ze zich bij gelegenheden anders voor, zoals te doen gebruikelijk lijden in deze de goeien (kinderen&vaders) onder de kwaaien (moeders.) Vooralsnog blijft dit onbekend vanwege de eenzijdig getrainde destructieve vrouwenbeschermingsector opgetuigd met wereldwijde anti-man propaganda en pedo- pseudologisch gelegaliseerde kindmisbruik als wapen in een onfaire machtsstrijd.

Feministes roepen dat (hoogopgeleide) 'zoogmoeders' en huisvrouwen verkeerd bezig zijn, pretpapa's maken net als feministes ook misbruik van goede moeders. Goede vrouwen die weloverwogen de achternaam van hun man gaan dragen (80% anno 2008!) zouden volgens deze valse soort belachelijke (lesbo) feministes **dommer** zijn!

Voor kinderen geldt een ophokplicht (als met varkens- en kippenziektes), want ouders moeten werken, zichzelf in het uniforme belang economisch autonoom ontplooien, dus moet er bijgevolg naast de basis- en middelbare school een crèche en tussen/na-schoolse opvang, de ouwe gouvernante is terug van weggeweest en campussen wordt geïntroduceerd, scholen krijgen een brede wijkfunctie, overheden nemen meer bemoeienis en toezicht. Voorzieningen dienen ook dat gescheiden kinderen tussen de middag of na-school niet naar hun vader gaan!

Defensie frustreert vaders die 'uitzending' weigeren, gedoe om vaderschapsverlof en clubjes als PapaPlus die omgang of een wekelijkse papa-dag genoeg vinden, serieus, dit soort vaders zouden de feministes van nu zijn! Trouwens, het bleek allemaal al niet zo veel waard toen Wouter Bos (3x aangesproken met 'bukken voor de rozen') in zo'n kabinet van normen waarden fatsoen zelf vooraf zei dat het niet zo mooi was z'n papadag te ruilen voor minister&vieze-vz, over viezerik gesproken, z'n papadag gaat niet om hem maar om zorgplicht!

Het beeld dat zorgouders niet normaal zouden zijn (niet van deze tijd), ondermijnt eigen ouderschap en tegelijk wezenlijke vrijheid maar juist zorgouders wijken niet af en staan middenin de samenleving, niet kerngezinnen zijn afwijkend maar die mannenhatende afstandstrutten en napraatlullen met hun non-sense en zieke voorkeuren! Eenmaal gestrikt in verkeerde voorkeuren raken bijv. pubermeisjes al snel zo'n 10 jaar achter in hun welzijn en ontwikkeling, vaak ontstaan persoonlijkheidsstoornissen mede om ongezonde afhankelijkheden te versterken.

<u>Ook adoptie- en pleeg'gezinnen',</u> zijn wanproducten van een ziek- en gekmakende zelfzuchtige onmenselijke ontouderingsmachine Voogden RvdK JZ AMK politie artsen scholen gedragsdeskundigen advocaten rechters maar ook schuldsanering voedselbanken en de media houden zich maatschappelijk allemaal 'therapeutisch' met symptoombestrijding bezig.

<u>In lesbokringen vraagt men zich terecht af,</u> of bv. borderliners alle seksuele kansen aangrijpen voor een beetje aandacht en liefde, of zulks dwingt tot junkgedrag knettergekke geluks/dildocultuur en masturbatieconflicten.
Het zou aardig zijn te weten of en welke jeugdtrauma's er spelen, hoeveel klanten gescheiden en ontvaderd zijn.
Wat bezielt lieden die mannen willen laten klaarkomen als vrouwen, waarom geen normale vanzelfsprekendheid?

Jan Mulder kreeg bijna z'n vingers achter de idiote vertrutte gelukslijstjes, kinderen worden blootgesteld aan juffen die hun gelukslijstjes op kinderen projecteren, meer dan 50% van de juffen hebben psychische klachten! Bah, over 'projecteren' gesproken, 'voor je het weet heb je een date', 'een date is geen mens maar een project'. Zonder principes wordt een vertrouwensmisbruik markt geopend vol met keuzes die anders onmogelijk waren. Mathijs v Nieuwkerk is het voorbeeld van dolgedraaidheid terwijl hij beschaafd en ontwikkeld win-win nastreeft, met 090130 een eenheidsworst aan tafel die beweert "rechtzoeken is extreem", haatzaaien verwart om ONrecht te verbloemen, maar ook een cabaratier die tdsi zulke TV-patroontjes probeert te spiegelen en te ontmaskeren. Overigens is Wilders zo gek nog niet, net zo min als ondergetekende, nee, Nederlanders zijn weerzinwekkend.

De helft van de westerlingen is psychisch ongezond, en heeft zich laten misvormen met bullshit programma's, de gezonden leven met het nuchtere "doe maar gewoon dan doe je al normaal genoeg" en "het licht in iemands ogen" en " wat u niet wil dat u geschiedt doe dat ook een ander niet". Bij hen heeft de natuurlijke onbedorven spontaniteit nog de kans en zodoende ook echte vrijheid welzijn en ontwikkeling met gezond gevoel en verstand.

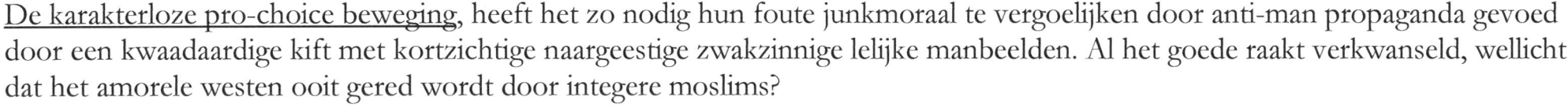

De karakterloze pro-choice beweging, heeft het zo nodig hun foute junkmoraal te vergoelijken door anti-man propaganda gevoed door een kwaadaardige kift met kortzichtige naargeestige zwakzinnige lelijke manbeelden. Al het goede raakt verkwanseld, wellicht dat het amorele westen ooit gered wordt door integere moslims?

Gewetenswroeging wordt onderdrukt, met psychopraat worden antisociale niet-onschuldige misdaden vergoelijkt en het ergste daarbij is dat het onrecht ontkend blijft. Vanzelfsprekend echter is deze 'pro-choice waanzin over andermans leven' nooit goed te praten, bovendien lijkt het alsof slechts foute mensen zouden 'kiezen', van alle tijden blijft echter gelden 'kies voor leven niet voor dood' en 'kies voor geven niet voor nemen', er gloorde hoop toen zowel McCain als Obama in 2008 over abortus verklaarden: "mensenrechten beginnen met de conceptie!"
Onbegrijpelijk dat president Obama vervolgens charismatisch abortus gaat steunen! Change back? YES we must!

Toch al hormoongestoorde en/of geesteszieke vrouwen, worden *transactioneel* onder het mom van 'volwassen' leugenachtig narcistisch voorzien met psychopraat als "van jezelf houden" "drama" en "nee durven zeggen". De helft van de mensen heeft zulke psychopraat niet nodig, van de andere helft heeft 80% van de vrouwen en 20% van de mannen daar op de een of andere manier 'baat' bij (dus 25% van de totale populatie), bang er niet bij te horen en om aandacht te trekken. Op basis van zulke psychopraat wordt karaktermoord gepleegd op gescheiden vaders, ook kinderen worden daarmee besmet onder het mom van opvoeden (grenzen stellen bladiebla), in feite hersenspoeling! De psychologische aanpak "omgaan met" is op zich compulsief en extreem gevaarlijk voor de natuurlijke mens. Door de psychopraat waar tevens pedo- en pseudologica uit voorkomt ontlenen deskundigen en instituten vaak hun bestaansrecht, eigenlijk wordt het kindbelang tekort gedaan en kunnen (familie)rechters welhaast psychotisch vanuit 'hun mensenkennis' vaders veroordelen op 'gedrag'. In een al zwaar overspannen westerse maatschappij en samenleving worden de gektes van anderen afgewenteld op gewone nietsvermoedende goedgelovige vredelievende mensen, gescheiden vaders zijn de zwakke partij maar aan vaderbescherming wordt niets gedaan, de misdaad loont vanwege kindbescherming. Bouwen op foute overheden instanties en vrouwen is als bouwen op fundamenten met betonrot, gedoemd (deels) te mislukken met verwijzing naar Jaldaboath?

Gewone mensen raken steeds meer besmet met Pavloviaanse opvoedingsriedels, **het strafrecht wordt heilig**. Aan echtheid liefde natuurlijke ontwikkeling welzijn authenticiteit en menswaardigheid wordt afbreuk gedaan door een onnatuurlijke verkokerde vergezochte selectieve logica. De samenhang is duidelijk, van zulke kletskoek en geouwehoer krijgen kinderen ADHD en dyslexie en 'weet ik wat nog meer', liefde laat zich niet dicteren dus wordt mannen tekort gedaan en raken velen geïsoleerd en vereenzamen, vrouwen pijnigen niet enkel zichzelf (mutilatie) maar ook anderen moeten daaraan geloven! Ook raken niet enkel vrouwen aan de drank en is het niet zo gek dat van criminalisering karaktermoord ontvadering en vechtscheiding vaders aan de drank raken en erger nog, met het grootste respect voor al die kapotgemaakte vaders die zich levenslang inhouden en beheersen!

Het is normaal dat vaders en kinderen eraan kapot gaan, het is kwetsend te stellen dat ze verder met hun leven zouden moeten gaan alsof er niets gebeurd is alsof het allemaal goed zou zijn, vooral vaders hebben het te zwaar!
Om het normale huwelijk te ondermijnen, moest aan de definitie van het kerngezin worden geschaafd, scheiding past naadloos in die afbraakstrategie, diverse sectoren zijn bevuild, varen wel en rijden een scheve schaats bij de eenzijdige destructie van gezinnen, er wordt geen initiatief genomen in de samenhang van zo'n vijftal ministeries.

Stilletjes werd in 1997 door de NGR de definitie van het kerngezin gemanipuleerd, 10 jaar later probeerde de NGR bij de versmelting in emancipatiezaken (Plasterk) als laatste actie nog met 'dat feit' te scoren. Voorheen ontstonden bij scheiding nog twee gezinnen (weliswaar gebroken en onvolledig), door de valse 'herdefinitie' werd een gezin bij papa thuis praktisch onmogelijk en misvormingen als lesbogezinnen kregen vrij baan. Gezinsleven was eerst family-life wat werd gereduceerd tot willekeurige hechting zodat familieaangelegenheden buiten vader om konden worden afgehandeld en moeders, als ze daar lol an hadden, de echte biologische vader met lesbo's en neppapa's konden gaan vervangen. Met bedrieglijk pedo- en pseudologisch termen konden vooral moeders en lesbo's zich naar hartenlust vergrijpen, onder het mom van rust&vrede en 'goede ouder' werd de destructieve term 'vaderrol' gelanceerd. De stellingen, *'geen kind is veilig in een systeem voor bewust ontvaderende moeders!'* en, *'vader is geen kinderloze alleenstaande!'*, en, *'vader zijn is geen optie!'* zijn door Raad van State en Hoge Raad zomaar afgewezen.

Met bedrieglijke terminologie zoals 'vaderrol' (PT, prof.Tavechio), worden nu via emancipatiezaken'vadercentra' uitgerold om allochtonen te indoctrineren met despotische staatspropaganda. Plasterk raakte in conflict bij het geroep dat iedereen identiteit aan vader&moeder ontleend en niet aan school&werk discipline&talent of zoiets!
Ik heb Plasterk mijn pleidooi aan de Raad van State overhandigd en hem gewezen op de bullshit van BSN's ten koste van menswaarde en authenticiteit, ook heb ik hem net als Tavechio gewaarschuwd tegen vals misbruik van genderstudies, vaderrol en verkeerde voorkeuren in het algemeen, in ene keek een PvdA- lesbo ontzettend vuil!

Het eenmansinitiatief ' vaderkenniscentrum' (PT), wil 'de vaderrol' scoren en verpest gelijkwaarde 'pedologisch'. Om van 'vaderschap' een lijstje te maken, om vadercentra te maken (geënt op moedercentra, Rouvoet) doet juist afbreuk aan vanzelfsprekend vaderschap, niet iedereen heeft die psychopraat nodig om voor kinderen te zorgen! Eenieder met gezond gevoel en verstand weet intuïtief al dat de wereld slechts voor gekken een schouwtoneel is.

Het Nederlands Dagblad blokkeert mijn account, het bleek om de woorden 'judassen, pedant en despotisch' te gaan. Machtsmisbruik om te treiteren om te censureren om uit te sluiten om mensen monddood te maken en te dwingen zich aan te passen aan onwaarachtige collectieve conditioneringen. Vrijheid van meningsuiting nodig voor welzijn en ontwikkeling wordt door pedante despoten geschonden en naar eigen richting judassend beknot. De waarheid mag niet worden gezegd, misdaden mogen niet worden ontmaskerd en gekken hebben de macht.

<u>Ook Glenn Sachs liet zijn beheerster berichten verwijderen</u>, omdat ik gewoon het woord 'lesbo' had gebruikt, Glenn weigerde zijn beleid aan te passen, uit dit artikel blijkt de relevantie overduidelijk. Wat mij allemaal naar het hoofd is geslingerd, de laster en smaad, bitches mogen mannen ten diepste kwetsen en beledigen zonder dat beheerders wat doen, zelfs broers&zussen misdragen zich aantoonbaar, een profeet wordt thuis nooit erkend?

<u>Ouders hebben de duurste plicht om (ook jegens elkander!) naar beste kunnen voor hun kinderen te zorgen</u>, ook zijn vader- en moederschap van evenveel waarde en heeft de overheid de dure plicht ouderschap te bevorderen.
Bij scheiding is vanwege de gewijzigde omstandigheden is een nieuwe orde nodig op basis van die 'gelijkwaarde', om te beginnen wordt dit juridisch geschonden en is nog immer niet wettelijk gewaarborgd. Praktisch gezien gaat het om 50/50-zorg, dus over twee verblijfplaatsen (bilocatie). Natuurlijk zijn vaders prima in staat om voor hun kinderen te zorgen en kunnen vrouwen maatschappelijk net zo goed werken. Daaronder worden genderachtige typeringen gepolariseerd om mensen te reduceren tot burgers, mannen moeten vrouwen voorzien met werk en bescherming en vrouwen moeten mannen voorzien met zorg en liefde, seks- en zorgmacht vs. geld en aandacht!
Dit soort non-sense doet mensen tekort en veroorzaakt bij scheiding dat vader zichzelf en zijn kind(eren) tekort doet. Wanneer vader weduwnaar wordt en de zorg op zich neemt blijkt duidelijk het tegendeel, ook gescheiden vaders die aan zorgplicht beginnen voelen zich al snel de koning te rijk. Arbeid is geen primaire ouderlijke zorgen dient pseudologisch om de ouderplicht af te schuiven, bijv. contra-productieve pretpapa's vinden omgang best.

<u>Onder het emancipatoire mom van gelijke kansen</u>, worden belastingcentjes weloverwogen eenzijdig uitgedeeld en worden instituten betaald om bij gelegenheid massaal vaders systematisch te discrimineren, met kindmisbruik en wetende dat kinderen levenslang getraumatiseerd raken en vaders op alle fronten aan alle stress kapot gaan.

<u>Gescheiden maar ook geadopteerde kinderen worden gedwongen zich met vuile wonden vals te hechten</u>, in de media wordt geschreeuwde over loverboys, geen woord over kwetsbare meisjes die voor geen lesbo veilig zijn, of over vrouwen die zich vrijelijk en ongedwongen verlekkeren aan verrukkelijke jongetjes, bah, walgelijk gewoon.`Eenmaal aan een 2ᵉ moeder of neppapa gehecht breken 70% van de nieuw samengestelde gezinnen in stukken.

<u>Flitsscheiding, éénzijdige duurzame ontwrichting</u>, zodra moeder daarom verzoekt worden kinderen en vaders flitsend van elkaar gescheiden, moeders ONwil is wet. Door vader stante pede te (laten) verwijderen, verschaffen familierechters als beul en broodheer een markt aan deskundige zakkenvullers om van alles te gaan ondernemen, vanuit Oostenrijk is er zelfs een 'scheidingsbeurs' overgewaaid, overigens Amerika is met Zweden ons voorbeeld.

<u>Van bodemloze RTL/SBS-moeders en gebroken gezinnen raken kinderen ongezond</u>, logisch als je in de war wordt gemaakt, als je gaat 'ontsporen' omdat je geen realiteitszin althans irrationele beelden hebt meegekregen.
Ook postbus51-moeders en de publieke opinie worden collectief verkeerd geconditioneerd, steeds meer wordt hulp ingeroepen en met psychopraat gesust, ook JZ voorziet moeders en kinderen in meerderwaardigheidslijstjes!
<u>Logisch dat meiden voor lesbo kiezen (ook uit prestatiedwang en penisnijd)</u>, als je altijd al bang bent gemaakt en geïmpregneerd met lelijke manbeelden, NL is ziek- en gekmakend door massale ontvadering en gedogen foute voorkeuren (lesbo/manwijven/shemales, abortus), ten koste van andermans vrijheden moet alles maar kunnen?

BELACHELIJK, in 2009 leidt een jarenlang plot tot 'de vraag' seksuele voorkeur in art.1 op te nemen !?

Marleen de Pater (CDA-ChildDetectionAgency) en Ella Kalsbeek (PvdAchterlijken) hebben jarenlang potsierlijk ontvadering opgepot, omgangsONrecht en gelijkwaardig ouderschap geboycot en verkeerde variaties valselijk gepositioneerd. Een omgangsregeling met een hond is zo geregeld, voor vaders werd nooit iets gedaan. In 2008 werd Marleen de Pater plots als voorzitter van de commissie Justitie afgezet en vertrok Ella Kalsbeek naar JZ in Amsterdam. 'Frankenstein'rechten voor lesbogezinnen werden snel geregeld, binnen de kortste keren moesten de enorme JZ-budgetten door de grote steden zelf worden beheerd (onder haar hoede!). Marleen en Ella deden zich als volksvertegenwoordigsters voor, praktisch slechts voor hun eigen zieke clubjes, bedankt maar niet heus!

De COC-lobby blijft jagen, na het uiterst succesvolle 2008 gaat het nog om naamswijziging, onder de streep gaat het niet om homo's maar om lesbo's, gaat het niet om vaders maar om moeders, gaat het niet om mannen maar om vrouwen, het belangrijkste effect is ontvadering. Achter genoemde 'dames' schuilt een geïnstitutionaliseerd leger ontvaderingsexperts met als belangrijkste de RvdK waarin de overheid al zo'n 100 jaar heeft geïnvesteerd! Kindbelang, we kennen allemaal Liesbeth Smulders-Groenhuijsen c.s., voor de RvdK wordt onderzoek gedaan onder andere door Ed Spruijt en Vincent Duindam, er zijn allerlei clubjes voor moeders die vaders uitkotsen zoals ouders-online.nl, vergeet ook niet de 1000-en onafhankelijke adviseurs en gerelateerde onderzoeksbureaus van PvdA en CDA. Professor Bullens die stuitend FORA had gekloond vanuit de RvdK (rapport SOS papa), toch ook een goed woord voor professoren als Wagenaar Tak Koppen en Crombag die tegen de stroom in dwalingen en enorm misbruik op allerlei rechtsgebieden aan de orde stellen, beschermen professionals elkaar?

<u>Terwijl vaders worden gedumpt worden zieke seksuele voorkeuren wel beschermd</u>, tegen ongelijke behandeling en discriminatie, onder het mom van gelijke kansen moeten kinderen het zonder hun vader met lesbo-gezinnen doen. Ik snap er allemaal niks van maar het doet er ook niet toe dat iemand gekozen heeft in zijn/haar kast te kruipen en daar opeens weer uit te komen, <u>kinderen aan lesbogezinnen blootstellen is ten hoogste verwerpelijk.</u>
Seksuele voorkeuren boven natuurlijke rechten positioneren om tegelijk systematisch te ontvaderen laat weer zien hoe ziek en afwijkend de patronen zijn. Gescheiden kinderen behoren bij hun beide ouders (hetero's!) op te groeien, liever wordt eenzijdig onmenselijk en unfair in verkeerde voorkeuren voorzien en wordt het publiek weer een rad voor ogen gedraaid, iedereen raakt de weg kwijt en in de put, de grond van ons bestaan wordt met belastinggeld schaamteloos voorgoed weggevaagd, is NL in een chronische bodemloze identiteitscrisis gebracht?

<u>O ja vanwege seksuele voorkeuren stelde PT dat GVN discrimineert</u>, in Griekenland waar de vaderbeweging juni 2009 de Europese Sociale Partij wil gaan lanceren positioneert PT scheiden als normaal en met zijn 'vaderkennis' (ahum) buit PT in zijn aanpak als ouderwetse pedagoog ook psychische emotionele behoeftes van kinderen uit. Gezien zijn steeds weer inhoudelijke wijzigingen pleegt ook PT plagiaat en tracht ter eigen meerdere eer en glorie alles naar zich toe te trekken, anderen uitsluitend als het niet naar zijn zin niet gaat. Toch, dankzij GVN bewoog Hans Spekman PvdA-collega Bouchibty die vervolgens mei 2007 de Vadertop voorzat weliswaar mede door PT georganiseerd maar juist omdat GVN hém betrok terwijl PT bij de PvdA dik was uitgekotst. Dus, zonder GVN was er nooit een Vadertop geweest, en meer dan 30% van de aanwezigen was GVN-er. Vervolgens sloot PT snel daarna de GVN-inbreng uit zowel van de VaderTop als van het door Dwaze Vaders geïnitieerde manifest uit het Amersfoort-Beraad. Op YouTube zijn de filmpjes GVN-VaderTop en AdVaderTop bij AdVader terug te vinden. Overigens onpopte, zoals te verwachten was, Bouchibty zich als kindmisbruikende vrouwenvertegenwoordigster.

Het 'vaderkenniscentrum' (ahum), probeert te scoren met 'handleidingen tegen omgangsONrecht' (hoe aangifte te doen), ook PT heeft dit idee wellicht gekaapt. GVN is er voor mensen die kinderen hun beide biologische ouders toewensen (hetero's) en richt zich vooraleerst op gelijkwaardigheid, GVN geeft praktische juridische ondersteuning gebaseerd op de krankzinnige werkelijkheid (hieronder valt het kopje 'aangiftes') en een derde steunpilaar was lotgenootschap. Op de site kon van alles en nog wat worden geplaatst, niet kwaadaardig op de persoon spelen en enig begrip waren de richtlijnen. Johan Traas heeft de bestuursrechterlijke GVN-aanpak opgepakt en de term 'zorgregeling' bij rechtbanken geïntroduceerd, ook veel dank nog aan Merelke en Wilm. Joep Zander Peter Prinsen en ook Wim Orbons sluiten min of meer aan bij GVN. Ook Theo Richel, Erik Schleicher, Dennis Grippeling, Erik vd Wael, Bart Koppenol e.a. mogen genoemd worden. Overigens slaat de 'oude garde' met omgangsONrecht, openbare zittingen en libertijnse invloeden steeds de plank van gelijkwaardigheid mis, mijn indruk is dat het overzicht van Peter Prinsen dat van GVN het meest benaderd vanwege verbanning ontvaderingsexpertise (RvdK) en onverkort integer respect voor biologisch ouderschap. Echter, iedereen haakt af wanneer het gaat om 'scheiden is nooit normaal en scheiden is kindmishandeling'.

Begrijpelijk dat veel vaders in hun eigen beleving blijven hangen, dat PT mij kil verweet dat 'vaders met omgang' niets te klagen hebben is te gek voor woorden! Het GVN-gedachtegoed wordt door zulke grote (liberale) ego's uitgesloten, zelf 'vinden ze' scheiden 'normaal' en zouden waarschijnlijk zelf nooit 50/50 zorg willen doen: "veel vaders vinden omgang best en da's de andere pest" maar wel gelijkwaardig ouderschap roepen? Passieve tijden braken aan, Zorro probeerde Famile4Justice van GVN te kapen, tegelijk kwam wetsvoorstel 30.145, activisten waren moegestreden, er was nauwelijks protest/verzet, met Luchtenveld en Gerben Rorije vervloog hun hoop.

Huub Thoonen bereikt dat een gedragsvertrutte bestuurster ons goede demonstratierecht toch moet respecteren. Huub is vaak te zien bij voetbalwedstrijden, althans zijn spandoeken met "TORAN papa houdt wel van jou!"

<u>Samenwerking met Dwaze Vaders bleek na uitgebreide mailwisselingen ook onmogelijk</u>, ook met Perry Stuart bleek geen fundamenteel debat mogelijk over thema's als "scheiden is niet normaal en kindmishandeling", "veel vaders vinden dwaze omgang best en da's de andere pest", "zorgmacht is achterlijk" en "stop ontvadering, stop scheiding-adoptie-abortus!" Men heeft de mond vol over gelijkwaardig ouderschap maar wil eigenlijk alleen af van omgangsONrecht, scheiding en ontvadering zijn geaccepteerd, ook omgang is een vorm van ontvadering. De voorzitters van DwazeVaders (Perry Stuart c.s.), St.OZO (Arthur Ross c.s.), Fathers4Justice (Andy Work) houden liever omgang in stand dan 100% gelijkwaardigheid te eisen, 2/14^e ei voor een te goedkope vaderrol? Dwangsommen en gevangenisstraffen zijn geen oplossing, de enige goede uitkomst is gelijke rechten (50/50!)

<u>Vader kan na enkele maanden niet anders meer dan zich ziekmelden</u>, weet niet meer waar hij het moet zoeken en wordt als stalker gepositioneerd, zelfs van zijn bloedeigen kinderen! Moeder maakt een dossier veinst angst en verdwijnt met de noorderzon, omgang werd al gefrustreerd en getraineerd en nu voor jaren geboycot, kinderen moeten thuis vriend(inn)en omgeving en school opeens wel kunnen missen. In de cel wordt vader bij het luchten door een mol 'gepolst' en wapens aangeboden, opvalt dat de cellen op het politiebureau vooral gevuld worden met 'agressieve allochtone stalkers' die stellig beweren dat NL kapot zal gaan aan deze misbruikgevoelige wetten. Wanneer op een mooie zomerdag vader vanwege een file de kinderen pas de volgende ochtend naar moeder wegbrengt wordt hij tot aan de Hoge Raad veroordeeld voor "onttrekken wettelijk gezag". Dat is consequent met het oog op internationale wetgeving (overigens éénrichtingverkeer als het even kan!) Zo werden Sarah en Ammar door minister Bot van buitenlandse zaken onder valse voorwendselen bij hun vader weggeplukt, moeder liet er een boek over schrijven! Marokko liet Bot met de staart tussen de benen afdruipen, PvdA levert sindsdien een vrouwenvertegenwoordigster (Arib?) om de koning van Marokko eenzijdige mensenrechten op te dringen.

Systematisch heeft vader géén gezin (juridisch-sociaal-maatschappelijk-fiscaal), en wordt voor een éénpersoons huishouden (zonder kinderen) aangeslagen, ook al zorgt hij er steeds weer ten overvloede voor dat zijn kinderen ook bij hem een thuis hebben, 12 van de 14 dagen echter is er leegstand. Nogmaals, toch zijn omgangskinderen mede vanwege de helft van de vakanties jaarlijks ongeveer 30% 'onder vaders hoede', zodat moeder kan werken. Steeds 12 van de 14 dagen geamputeerd is voor geen mens vol te houden. Vader is praktisch 'gezinsloos' ook al zijn de kinderen ongeveer 30% van het jaar onder zijn hoede, uitgezonderd school- en verenigingsgeld betaalt hij praktisch evenveel als de gesubsidieerde moeder en houdt zelf nauwelijks genoeg over. Ook klokkenluiders zijn oorverdovend stil, zijn kennelijk met hun ruggengraat de klepel verloren.

Voor ratificatie praktiseerden professionals al standaard omgang mediation en ouderschapsplannen, het effect is dat vaders onder het mom van 'rust en harmonie' scheidingen **voor altijd** van gelijkwaardig ouderschap afzien. 1 maart 2009 wordt de nieuwe wet 30.145 bekrachtigd, 'bevorderen gelijkwaardig ouderschap' en praktisch blijft gelden 'moeders ONwil is wet' !?

Voortschrijdend inzicht: scheiden voordat kindjes een half jaar jong zijn, want zonder hechting ontstaan er pas problemen als moeder overleden is of zowat op sterven na dood. Ook religies worden als drogreden misbruikt, familiedrama's zijn geen religieuze kwestie maar die van een schijnwereld met een ordinaire amorele subcultuur. Banale achteruitgang woedt voort zolang kind-en-vaderleed ontkend en niet erkend blijft, eerlijk duurt het langst.

<u>Al zorgde vader voor de kinderen hun opvoeding en het huishouden en werkte moeder</u>, gewoon oprotten lul! Vaders verliezen alles en moeten (weer onder het mom van kindbelang) maximaal betalen, zo mogelijk wordt berekend dat vader iets boven de huursubsidie- en rechtsbijstandsnorm e.d. blijft. Ook fiscaal worden vaders als alleenstaand mis(be)handeld, geen ouderkortingen/toeslagen/voorzieningen welke boven op de alimentaties pro-actief aan moeders worden toebedeeld. Alle bedrieglijke termen zoals "alleenstaande moeder" bedreigen vaders, hij staat machteloos en vogelvrij te roepen in de kou, moet het verder alleen zien te redden. Systematisch is vader kinderloos al zorgt de steeds 12/14^e geamputeerde vader dat zijn kinderen een volwaardig thuis hebben voor de weinige tijd die ze samen hebben (is 'gegund'!), ook voor de helft van de vakanties zorgt vader gewoon normaal. 'Ze zeggen' dat contact met vader niet in het kindbelang zou zijn, zo is gezinsherstel bij vader thuis kansloos.

<u>Zonder gelijkwaardigheid dweilt ook de zwakzinnige oude garde met de kraan open</u>, en loopt men met symptoombestrijdingen achter voldongen feiten aan. Het raakt ze niet dat het echte vaders zo onmogelijk wordt gemaakt. Ik haak na 9 jaar af op een niet zo mooie manier, dat laatste spijt me jegens mijn kinderen en dat had anders gemoeten. Tegen de stroom in totaal geisoleerd en tegenover een zeer vijandige moeder je kinderen te zien vervreemden, praktisch steeds 12 dagen als vader niet te bestaan is voor geen mens vol te houden, ik roep al jaren het niet te gaan redden, ik kan het niet meer opbrengen.

De op gezag en daarmee gelijkwaardigheid gerichte hervormingen, van professor Hoefnagels werden medio jaren '90 verdraaid door (familie)rechters met termen als 'hoofdverblijfplaats' en 'niet-verzorgende ouder', om vader ook financieel te wurgen ontwikkelden zij ook 'trema'normen. Al die jaren leidde omgangsONrecht af van het kernprobleem. Mede omdat alle vaderclubjes contra-productief bleken betreffende gelijkwaardig ouderschap is GVN opgericht, deze opzet werd ook uitgedragen door de GVN-actiegroep Familie4Justice (boegbeeld Zorro!). Met weinig maar gepast respect voor de oude garde die inzet op omgangsONrecht en PAS en waarvan de meesten niet eens bevatten hoe het zit laat staan beseffen wat dat betekent, GVN zette een fundamenteel andere koers uit, de tijd staat ons goed al zal het voor velen hun levenlang duren en is de aangerichte schade onherstelbaar!

Programmapunt E van Leefbaar Nederland, werd in 2003 samen met Fred Teeven geschreven, GVN ziet geen soelaas in CDA-PvdA-VVD-D66, de SP kreeg het voordeel van de twijfel vooral omdat Joep Zander in district Deventer gelijkwaardig ouderschap conform België (bilocatie) op het programma had weten te brengen wat later landelijk werd overgenomen! Met respect voor amendement 26 bij 30.145 gaat Jan de Wit niet voor 'heel het gezin' (tweelingbroer psycholoog in Nijmegen?), zij staan voor omgang. Ook Jan Marijnissen, Agnes Kant, Harry van Bommel, Michiel van Nispen en afdeling Utrecht lieten mij als SP-lid hoegenaamd stikken! Er wordt afgeleid van gelijkwaardigheid, ook door lotgenoten met eigen mening en positivo-riedels, heus waar we zijn slachtoffers!

Zonder enig debat en dus zonder zicht op onacceptabele risico's, zijn zonder voldoende zwaarwegende contra-indicaties diverse rechtsgebieden stilaan gewijzigd om moeders 'schuldloos' in ontbinding te voorzien (scheiding-abortus-adoptie.) Dat vaders&moeders gezamenlijk een gezin hebben gesticht doet er niet toe, dat kinderen door vader verwekt zijn en hij hen een naam heeft gegeven wordt uitgevlakt, kinderen&vaders worden op eenzijdig verzoek van moeder zonder enig bezwaar flitsend en duurzaam verscheurd. Meer dan 80% van de gescheiden kinderen zijn dat door toedoen van hun moeder, er is iets verrots aan de hand, niet schijnbaar mislukte relaties, het is waardeloos dat moeders plots zoveel scheiden, Maggie Gallagher schreef treffend *de eliminatie van huwelijken.*

Over de volledige betekenis van de schijnbaar schuldloze eenzijdige hervormingen in onze wetgeving, is nooit principieel gedebatteerd. "Vrouwenwetten zijn door niet-representatieve groepen gepland en met speciale eigen agenda's gefabriceerd" schrijft Melanie Phillips in de *sekseveranderende maatschappij*. "Het publiek wordt voor de gek gehouden en herkent het vuile spel niet eens, principeloze smakeloze eigen meningen onder het mom van goede moraal dienen om iets te verbergen en anderen te diskwalificeren, beter ten halve gekeerd dan ten hele gedwaald!

De onthutsende eenzijdige destructies, worden door politici journalisten academici en advocaten stelselmatig verzwegen. "Zoetsappig stelling nemen tegen bijv. lesbohuwelijken is voor republikeinen zo goed als risicoloos" schreef Gallagher. "Fundamentele debatten over én gelijkwaardigheid én familieONrecht moet tegen iedere prijs worden vermeden, 'duurzaam gelijkwaardig ouderschap' mag nooit op de politieke agenda!" Voorspelbaar is dat vrijwel alle politica inconsequent zijn wanneer het vaders die ongelijk worden behandeld aangaat, er is ook geen politicus die de onevenwichtigheid van 'onvrijwillige scheidingen' betwist. "Democraten durven hun vrouwelijke kiezers niet met de pseudologica rond 'eenzijdige duurzame ontwrichting' te confronteren, ook dit 'kroonjuweel' is namelijk bestempeld als zwaar bevochten vrijheidsvoorrecht" schrijft Barbara Whitehead in *de scheidingscultuur*. "Ook republikeinen durven hun neo-liberale antisociale achterban niet te ontrieven." In zijn beroemde aanklacht tegen 'solo-moeders' zei Vice President Dan Quayle "waarachtig over scheiding praten is taboe." Uitzonderingen bevestigen de regel, verschillende pausen worden regelmatig door links en rechts aangevallen omdat pausen op scheiding reageerden en zo ook hetero's positioneerden (conform GVN!), kinderen hebben recht op hun vader moeder en beider families (EVRM-8, IVRK-7.) Verantwoordelijke bestuurders kijken steeds stilzwijgend weg van zelfzuchtig ontvaderingsgesol met kinderen, lichtzinnige scheidingen adopties en abortussen worden goed gepraat, gezonde alternatieven met gelijke kansen komen niet eens in beeld en zijn dus ook nooit aan de orde. Bah, vrouwen hebben de kolder in de kop, alles&iedereen moet klaarstaan&wijken, arme kinderen en vaders!

<u>Gelegaliseerde kinderdiefstal is nooit te tolereren of te verwerken</u>, vaders worden als vuilnis gedumpt, van de ene op de andere dag met de sterke arm zomaar zonder meer op straat gezet, uitlokken met instrumenten als huiselijk geweld en stalking en zo contact-wijk- en straatverboden afdwingen, zelfs voor bedreiging van hun bloedeigen kinderen worden vaders veroordeeld! Voor ontvaderingsexperts was 2008 zeer productief: allochtone vrouwen moeten scheiden en pro-actief werd de term 'eergerelateerd geweld' gelanceerd, gelijkwaardig ouderschap werd tegengehouden, met ouderschapsplannen pretpapa's genereren, tweede lesbomoeders (jakkie bah) werden van rechten voorzien, internationaal werden ontvoeringen en alimentatieplicht (geen kijkgeld!) geïnstitutionaliseerd, dieren kregen rechten (eerder meer en beter dan vaders.) De verkokering van 'professionals' blijkt duidelijk uit het feit dat niemand zich afvraagt wie er werkelijk bedreigend belagend onbehoorlijk onbetamelijk aanmatigend en echt misdadig zijn. Ongeacht moeder kan ongelijkwaardigheid vervreemding misvorming en in het algemeen ontvadering natuurlijk nooit in het (primaire) kindbelang zijn en overduidelijk ook niet in het belang van vaders!

<u>Scheiden leidt tot een verweesde krankzinnige antisociale werkelijkheid</u>, alle gezinsvoorzieningen falen. Michael McManus stelt in *redt het huwelijk* dat scheiding in verhouding vele malen schadelijker is dan bijv. lesbo-relaties, gescheiden kinderen en hun vader worden zwaar gedupeerd, kinderen moeten met bedrieglijke leugens onder het mom van liefde opgroeien, zogenaamd wordt hun toekomst veilig gesteld, zonder hun vader echter wezenloos.
Systemen zijn er op ingericht, professionals vergroten conflicten uit en dus is radicale verandering de oplossing.

<u>Family-Group-Conferencing, Eigen Kracht en Echt Recht</u>, zijn methodes welke van Nieuw-Zeelandse Maori's werden afgekeken (Rob van Pagee.) In tegenstelling tot mediation in Nederland waar systematisch ontbinding speelt, wordt juist gericht op verbinding met alle betrokkenen aan tafel met bescheiden deskundigheid vlakbij in de buurt. Van scheiding weten vaders niets, moeders zijn vaak al jaren bezig, zijn al uitgebreid geïnformeerd en helemaal voorbereid (alle papieren liggen al bij haar advocate.) Vaak wordt beweerd dat 'geen communicatie' de belangrijkste reden zou zijn om te scheiden, pardon, wat een ziekelijke logica weer. In zulke heksenkringen is ook bekend dat mannen zich niet kunnen uiten, whatever bullshit, bah, de waarheid ligt niet eens vlakbij het midden.

<u>Zulke emotionele zwendel</u>, wordt ook uit en te na verkocht onder de noemer romantiek wat niets met echte liefde te maken heeft, er is gebleken dat vrouwen zulks hormonaal nodig hebben om relationeel te verzachten!

Met zulke ziekelijke vrouwen valt gewoon nooit te praten, ze lijden meestal aan meer dan alleen gevoelsarmoei. Bovendien missen ze een 3^e hersenhelft en kennen enkel warmte of kou, vrouwen claimen meer dingen tegelijk te kunnen dan mannen, dat klopt wanneer bedoeld wordt op zeven manieren problemen maken over iets stoms!

<u>Forensische mediation met paradoxale toewijzing</u> (bestraffen ONwil!), was een interessante ontwikkeling welke na Hoefnagels werd ontwikkeld door o.a. van Leuven die al te snel opgaf en overliep naar omgang mediation en ouderschapsplannen, deskundigen stelden een marktplaats veilig op de scheidingsbeurs zelfs Schonewille die zich jarenlang inzette was er te vinden. Onderneemsters herschreven tegen betaling in moeders belang vaders mails want met honing zou je meer bereiken. Als 1e Kamerlid van de SP ondermijnde QuikSchuijt eind 2008, na 30 jaar lang kinderen&vaders te hebben verscheurd, op eigen manier&richting gelijkwaardig ouderschap, wat gezien moet worden als **kiezersbedrog** (wel wees QuikSchuijt mij 2005 nihilstelling toe over kindalimentatie!). In 2007 was Luchtenveld (VVD) dolblij, wijl hij gelijkwaardig ouderschap in de prullenbak gooide, met "omgang moet", gelukkig verwierp de 1e kamer dat initiatiefvoorstel maar helaas niet 30.145! PT zag Luchtenveld wel als minister-president zitten en gaf GVN de schuld, hierbij nog dank voor die eer! Gezegd moet worden dat Luchtenveld in 2008 als wethouder in Amersfoort wel bereikt heeft dat gescheiden ouders meteen 2 eengezinswoningen moeten kunnen krijgen. Volgens DG proberen dubieuze feministes dat achterbaks terug te draaien, Luchtenveld is alert! Sinds 1972 geldt eenzijdige duurzame ontwrichting, daarvoor zou vaders wil wet zijn, QuikSchuijt verdraaid eind 2008 de kwestie en stelt dat vanaf 1984 naar gelijkwaardigheid wordt gestreefd (i.p.v. 1972?), ze bedoeld dat tot dan vaders wil juridisch wet was! Vervolgens durft ze te beweren dat met 30.145 'wij' weer een stapje dichter bij gelijkwaardigheid zouden zijn, vaders zijn al decennia de zwakke partij, gadverdamme "moeders ONwil is wet!" Kinderhandelaars als Vlaardingerbroek e.d. legitimeren scheiding en ontkennen mishandelingen kind&vader!

<u>Net als in moslimlanden maken vaders zich niet massaal schuldig aan machtsmisbruik</u>, Bewust Ontvaderende Moeders en hun families overstroomden de 1ᵉ Kamer met mails, zogenaamd bezorgd dat zij en hun kinderen kapot worden gemaakt, althans volgens QuikSchuijt, kan het nog gekker? Vaders worden opzettelijk geruïneerd en vervolgens gaan de misdadigsters c.s. vrijuit en schreeuwen op hoge poten van de toren! 'Dames en Heren', "adel verplicht" stelde men vroeger, dit soort zwartgallige praatjes laten stuitend de ongelijkwaardigheid en de vuilheid zien van types als QuikSchuijt! Ook werden toevallig vlak voor de behandeling in de 1ᵉ Kamer van 30.145 gelijkwaardigheidondermijnende flutonderzoekjes bekend, van types als Forder, Wortman, Nuyten en Jeppesen-deBoer. Decennialang komen onderzoekjes (door) jonge wetenschappers naar voren vaak in opdracht van 'niet onafhankelijke derden' zoals de Raad voor de Kinderbescherming en Clara Wichmaninstituut e.d. met gerenommeerde professoren uit alle disciplines aangaande vrouwen kinderen jeugd en 'gezin', met selectieve woordvoerders zoals Duindam, Spruijt, Smulders-Groenhuijzen. Arme gescheiden kinderen hun vader en zijn ontkende gezin! Hirsch Ballin legde 30.145 slechts met IVRK 9 en EVRM 6 uit en verantwoordde op die manier ongelijkwaardigheid en dus ontvadering! Met IVRK 7 wordt bedoeld dat kinderen bij beide ouders opgroeien en niet om bij scheiding te ontvaderen! Ook het publiek wordt (door vals positivisme) steeds bedrogen bijv. is het onwaarachtig dat ouders meestal in onderling overleg scheiden, net als 'het goede nieuws' dat ouders er meestal samen uitkomen! Dat eventuele succesjes '<u>kortstondige gelukjes bij duurzaam groot ongeluk zijn</u>' blijft buiten beeld! Wel waar is dat scheiden nooit in het kindbelang is, ook daar heeft niemand het over, gebroken zorgvaders staan in de kou! De SP heeft de mond vol van 'heel de mens' en richt 'heel het gezin' op een ongezonde manier!

Een huwelijksdag vanuit een ander perspectief, het is haar droomfeestje en voor wanneer de romantiek hopeloos blijkt (haar roze wolk verdraagt haar prins op het witte paard niet) is de toon gezet waarop zij kan terugvallen. Het draait om de (geluks)beleving van het verwende prinsesje en zij heeft de regie, de eenzijdige verantwoording is ook nooit te dragen, de kans op dissociaties en destructies is groot, de liefde zal ongeacht manlief mislukken.

Geen gezond kind wil scheiding, vervolgens liefst hereniging en anders zonder strijd evenveel bij beide ouders, geen mens houdt van oneerlijkheid, toch? Gescheiden kinderen worden hoe dan ook levenslang getraumatiseerd, ook al lijkt het 'goed' te gaan, scheiden is kindmishandeling en ook ontvadering is een ongeschreven halsmisdaad.
Eenzijdig vals en vuil zelfzuchtig scheiden, moeders onvree is geen kindbelang, onecht is al bedrog, alle gebroken gezinnen zijn incompleet en onvolwaardig, en 'dames en heren' laten we wel zijn, ook vaders zijn mensen met zorg liefde en gevoel! Kortom, kinderen en vaders worden gruwelijk gefolterd, een onaflosbare (staats)schuld!
Scheiden is niet normaal en kindmishandeling, ook ontvadering is een ongeschreven halsmisdaad, scheiden is slechts te vergoelijken als 'keuze uit twee kwaden' wanneer de situatie 'uitzichtloos en ondraaglijk' is zoals bij euthanasie, en, maak het dan niet erger, waarborg gelijkwaardigheid, doe kinderen ouders & families niet tekort!

<u>Eenzijdig, dus vader is altijd de dader</u>, tegengesteld aan wat algemeen wordt verkondigd is er meestal één partij die scheiding najaagt, de meeste scheidingen worden helemaal niet vrijelijk harmonieus of in onderling overleg aangevraagd. Opzettelijk wordt een bedrieglijk beeld gemaakt ter zelfverschoning van moeders familierechters en trouwens het hele Trias Politicas die zichzelf zo buiten schot en onaansprakelijk houden. Het publiek geeft het voordeel van de twijfel, immers waar rook is is vuur en waar twee kijven twee schuld (weliswaar 90%-10%!).

<u>Zogenaamd schuldloos</u>, worden kinderen meestal vader en zijn familie door foute moeders eenzijdig duurzaam ontwricht, alles en iedereen wordt daartoe ingeschakeld en misbruikt. Alle rechtvaardigheid is systematisch zoek. Voor moeders gezag en regie vertrouwen familierechters kinderen en zorgmacht klakkeloos toe, vaders worden per onmiddellijk buiten spel gezet. In het kindbelang moeten moeders speciaal worden beschermd zolang het haar biologische functies betreft (zwangerschap en borstvoeding), het is te gek voor woorden wanneer dat daarna misbruikt wordt om kinderen en vaders in alles tekort te doen. Ook geldt dat bij scheiding de omstandigheden wijzigen, vader zou onmiddellijk (deels) met werk moeten stoppen om weer zelf zijn primaire ouderlijke plicht uit te gaan oefenen die eerst in het kader van een gezamenlijke huishouding deels aan moeder was uitbesteed.

Moeders wanen zich allicht veilig bij alle voorzieningen en bescherming, echter, geen kind en geen vader is veilig in een systeem voor bewust ontvaderende moeders, van binnenuit wordt onze sociale samenleving ook kapot gemaakt en wordt verslonden wat onze voorouders ons hebben nagelaten. Vaders ontbreekt het aan erkenning, raken allenig zonder sympathie genegenheid liefde. Nieuwe relaties gaan naar de kloten omdat hij zijn kinderen eerst plaatst, vrouwen gedijen best alleen en dissociëren gemakkelijk tot seksloos of lesbo's, geslagen mannen echter blijven hetero en raken relationeel kansloos, bah, als vader en mens door heel de wereld gedisrespecteerd.

Familierechters laten zich wat graag door ontvaderingsexperts informeren, 'beschuldigingen' worden bevestigd in uitspraken welke als onlosmakelijk onderdeel in al moeders procedures meegaan. Zo wordt aan zorgvaders naast de kinderen ook partneralimentatie onthouden terwijl zorgmoeders automatisch alimentaties krijgen toebedeeld. Ieder 'conflictje' is onrust dus huiselijk geweld, moeders 'beleving' is in het kindbelang, "ONwil is moeders wet!" Ook vreemd dat er voor 'omgang' geen kinderalimentatie kan worden aangerekend en slechts 6 €/dag kosten!

<u>Bij scheiding wordt tegen vaders wil en dank in ook zijn huishouden ingebroken</u>, er dient zich een nieuwe orde en regelmaat aan. Autoriteiten en instanties gaan bij moeder automatisch uit van een gezin en een huishouden, met medewerking van zelfs de politie wordt zij overal in voorzien. Vader zit zomaar plots in de shit en moet alles verder zelf maar uitzoeken met alle ellende en zorgen zonder iets op straat gezet dus om te beginnen zonder kinderen dakloos én, zonder huishouden. Na jaren vreselijke rechtszaken en beslagleggingen waarin vader zich op een houtje mag verbijten komt de boedelscheiding tot een eind waarin vader verkeerd geïnformeerd en onder grote druk weliswaar in het kindbelang maar stom genoeg van zijn woning heeft afgezien. Het halve gezamenlijke bezit wat hem toekomt kan inmiddels direct naar het grof vuil, veel van zijn spullen (foto's, muziek, sieraden en andere persoonlijke spullen) zijn volgens moeder heel vreemd en op onverklaarbare wijze nergens meer terug te vinden. Het overkwam mij dat mijn oudste foto's van mij had 'gevonden' en die omslachtig terug wist te geven (aan de rechtmatige eigenaar!), een 'schouw'verzoek om de boel eerlijk te verdelen was jaren eerder al afgewezen.

<u>In meer dan 80% zijn moeders aanjager-uitlokker-agressor</u>, wetende van eenzijdige duurzame ontwrichting en wetende bij gelegenheid de kinderen te kunnen kapen zo concludeerden o.a. Frank Furstenberg en Andrew Cherlin in *Verdeelde Gezinnen*. Patricia Morgan van *London's Civitas* denkt er bij de meeste scheidingen niet eens een onoverkomelijk conflict bestond, meestal wordt al jarenlang (psychische) agressie/mishandeling door vrouwen op hun mannen gepleegd, mannen slapen zelfs op zolder ook macho's uit het politievak. In België is ooit een begin gemaakt met het inventariseren van gemelijke venijnige opmerkingen door vrouwen welke tot psychische mishandeling van mannen moeten worden gerekend, categorisch echter worden deze nog geweerd.

<u>De kwaadwillende ouder wordt beschermd en beloond</u>, de welwillende ouder wordt uitgekleed en in de kou gezet, gescheiden vaders overlijden veel te jong ook kinderen redden het al te vaak niet. Het is oorlog, onder het mom van rust en vrede profiteert een leger deskundigen thuis dik voldaan van deze gekunstelde familiedrama's: (familie)rechters, advocaten, bemiddelaars, notarissen, RvdK, JZ, therapeuten, adviseurs, academici, pedagogen, psychologen, leerkrachten, maatsch. werkers, politie, openbaar ministerie, politici, ambtenaren zijn medeplichtig, ook wapenhandelaars pretenderen neutraal te zijn, vader kan niet verder raakt aan de grond en aan lager wal.

<u>Vrouwen 'denken' er zelf 'beter' van te worden</u>, dat kinderen en mannen er dood- en doodziek van worden moet maar gewoon. Vrouwen 'denken er niet aan' om samen te leven/werken/ouderen, dat is bij gelegenheid, het zijn platkoppen die ook hun luxe-problemen op kinderen en vaders afwentelen, door foute overheden gefaciliteerd.

Ziek én misdadig dus, hier speelt een **sociose**, een transgenerationele compulsieve pseudologica fantastica, een kwaadaardige narcistische anti-man vrouwencode. Ook de pil verontmenselijkt, meisjes sterken zich in relationele machtsspelletjes, jongens worden moederskindjes als ware haar geestgeworden lul, jongens en meisjes zitten in de knel, gewoon 'gevangen' in antisociale ONwil en op basis van ongelijkwaardigheid (art.1 non-discriminatie.) Overigens misdadige vrouwen komen niet in de gevangenis, 94% van de mannen wel, een kwestie van gevoel hé.

Oxytoxine als verstikkend ontbindingshormoon, onder invloed van de pil, moeders kletspraat en hysterie wordt oxytocine van verbindings- tot ontbindingshormoon geforceerd, 'eigen keuze' over andermans leven dissocieert vroeger of later jonge meisjes en vrouwen, voortdurend wordt hen narcistische seks- en zorgmacht aangeboden, verontmenselijking goedgepraat met verantwoordingsriedels. Onweerlegbaar is bekend dat familierechters grof bruut wreed flitsend massaal en onmenselijk vaders&kinderen zomaar verscheuren en vaders maximaal mollen.

<u>Ervan uitgaande dat vrouwen hun bodemloosheid projecteren</u>, moet het zo zijn dat foute vrouwen knettergek en misdadig zijn en dat aan mannen verwijten. Nu actueel, moeder die haar 3-jarig zoontje had leren roken, een juf die een 13-jarige leerling dronken voert en verkracht omdat moeder geen omgang had en juf zich bij vader had gepenetreerd! Vanuit de 'wij vrouwen' gekte is een complot met moeder niet uit te sluiten ('t is maar een jongen.)

<u>Vrouwen zijn agressiever dan mannen</u>, jarenlange kwetsingen vernederingen en vuile (psychische) agressie door vrouwen zijn zonder debat uit alle geweldscriteria gehouden. Mannen mogen niet huilen en moeten niet zeuren, gekwetste gekrenkte totaal lamgeslagen mannen worden openlijk uitgelachen en zijn 'losers' die het er wel zelf naar gemaakt zullen hebben! Wanneer vader aangifte wil doen werkt machopolitie niet mee (vaak balievrouwen met allicht een dubbele agenda!?), en anders zou het openbaar ministerie wel seponeren. In België werkte de politie wel mee, toen het O.M. een brief rondstuurde dat omgangsONrecht niet mocht worden opgenomen sloeg de vlam in de pan! Mede daardoor werd de bilocatiewet (<u>Guy Swennen!</u>) mogelijk, vervolgens wordt nu hard gewerkt aan het realiseren van gelijke (fiscale) behandeling zoals bijv. gelijk gezag bij geboorte en kindgeld.

Rechters laten zich graag fout informeren, aan waarheidsvinding wordt niet gedaan, met trucjes en leugens wordt vader van alles beroofd ook van zijn rechten, bij voorbaat schuldig, de bewijslast is apart voor hem omgekeerd.

Met juridisch jargon worden EIGEN misdadigheden goedgepraat, wat o.a. betekent dat vader wordt opgepakt als een willekeurige buitenstaander wanneer hij als vader gewoon zijn kinderen opbelt of naar hun school gaat.

De Raad van de Kinderbescherming behoort niet bij scheiding te worden ingezet, een **parlementaire enquête** is nodig om aan te tonen hoe het zover heeft kunnen komen, dan kan **rehabilitatie** erkenning (ook voor PAS) en genoegdoening worden gedaan. Het gezin bij vader thuis en **familieONrecht** moet per direct worden hersteld!

De optie van een parlementaire enquête, is al begin 2000 door Otto Vos (VVD) geopperd. De duurste plicht van ouders is voor hun kinderen te zorgen en dat geldt ook jegens elkaar (art.82), na scheiding is dat in art.247 plots verdwenen en worden vaders - als gestoord en/of crimineel - met art.377 tussen voogdij en curatele ingeklemd! Kinderrechten zijn in feite beschermingsmaatregelen en inkonsekwent met mensenrechten, art.7 gaat nog uit van de zorg van beide ouders maar opeens geldt dat met art.9 niet meer! Overigens onderscheiden moeders zich vanuit het kindperspectief enkel met borstvoeding, wat bloed- en familiebanden betreft zou scheiden voor het 6e levensjaar in proncipe verboden moeten worden, scheiden is kindmishandeling en een ONwelwillende ouder zou preventief het gezag moeten worden afgenomen!

De overheid heeft net als ouders ook de dure plicht ouderschap te bevorderen, maar holt liever vaders gezag uit voor macro-economisch belang. De overheid verwaarloosd verzaakt en is nalatig in haar plicht door stelselmatig te ontvaderen, waarom worden vaders geen gelijke kansen gegeven? Van alle emancipatiecentjes zou ten minste de helft aan vaders moeten worden overgemaakt, zeker niet institutioneel maar cash, reken maar dat alles dan wel goed komt, ook zonder lijstjes! Ouders zorgen gewoonlijk samen 100% voor hun kinderen, als bij gelijke rechten geen overeenstemming wordt gevonden dan geen boter op het hoofd en moet verzaking duur worden betaald! In 2002 overhandigt GVN aan regering&parlement een niet mis te verstane petitie waar nooit op is gereageerd.

<u>Veel moeders verdragen vader doelbewust niet en zitten vol met shit</u>, zo samen ouderen onmogelijk makend en zich welbewust maximaal te laten voorzien in ontvadering, daartoe maken ze zich zelfs ziek en gedissocieerd en doen zich al te graag zielig en als slachtoffer voor om voor zichzelf onder het mom van kindbelang van alles veilig te stellen, haar haat en zelfzuchtige ego te bevredigen, wetende zich leuk te kunnen gaan misdragen door bij gelegenheid zijn kinderen te beroven, dat is sadisme en kindmisbruik. Het ontbreekt kinderen en vaders aan bescherming tegen familieONrecht (Groen van Prinsterer) en aan hereniging en het recht op (gezins)herstel. Gescheiden kinderen en hun vader wordt systematisch tekort gedaan, de duurste plicht van de overheid is onder andere ouderschap te bevorderen, stimuleer en faciliteer vaderschap met ten minste evenveel emancipatiecentjes.

<u>Wie een hond wil slaan heeft licht een stok gevonden</u>, zonder enige voor vader ontlastende argumenten worden door politie gericht valse verklaringen opgesteld, bevooroordeeld buitensporig en teleologisch. Desolaat wordt vader opgesloten en geïntimideerd gekleineerd en murw gemaakt om hem vervolgens als leek en zonder advocaat een onzinverklaring te laten ondertekenen. Met gemak maakt de overheid onevenwichtige voorkeuren, eerlijk en menselijk is gewoon niet meer normaal, natuurlijk is scheiden ook een vorm van kindmisbruik en ontvadering een halsmisdaad. Het is ongezond en normaal dat vaders wezenlijk kapot gaan aan alle leed ellende moeilijkheden en schade, gelegaliseerde kinderdiefstal kan nooit te tolereren en/of te verwerken zijn, bijgevolg lijden vaders onmachtig aan chronische PTSS, worden steeds voor 12/14^e geamputeerd, zijn zich ervan bewust mee te betalen aan een nietsontziende ontvaderingsmachine, zouden gewetensnood moeten ontwikkelen en stoppen met werk!

<u>Veel gescheiden vaders ontwikkelen PTSS hetgeen professioneel wordt doodgezwegen</u>, gescheiden vaders raken juridisch financieel en sociaal-maatschappelijk ten einde raad, ook medisch-psychisch geraken vaders hulpeloos.

Het door hulpverleners ontkennen/afpoeieren op persoonlijkheidsstoornis/jeugdtrauma's is bij de beesten af!

Alle systemen falen mede omdat men voldaan wordt, de slachtoffers (klanten) worden er echt niet beter van!

Sterker nog, de realiteit is dat bewust levens worden geruïneerd en aan slachtoffers bestaansrecht wordt ontleend.

Het is ook lang en breed bekend dat militairen PTSS oplopen en dat door het op 'een persoonlijkheidsstoornis van vroeger uit' te gooien schandalig genoeg schaamteloos op uitkeringen wordt bespaard, verantwoordelijke overheden wentelen hun probleem af op 'de slachtoffers' die het verder allemaal zelf maar moeten uitzoeken!

<u>Amorele antisociale parasieten "feministische varkens"</u>, noemt Phyllis Schlafly deze van belastinggeld betaalde hysterische praktijken om **voor NEPgezinnen** families te vernietigen, om rücksichtslos vaders te vertrappen.

GVN wilde in samenwerking met advocatenkantoor Bartels de Staat der Nederlanden aanklagen middels een aantal procedures met groepjes vaders, met een strategisch tactisch meerjarenplan tot aan het Europese Hof!

Mannen en vrouwen zijn niet gelijk, ook zijn mannen niet gelijk en zo ook vrouwen, het is niet anders! Daar mag het ook niet naar worden gemaakt (staatskinderen, lesbo/homo, uniformiteit, robotisering!), 'ongelijke kansen' wordt doelbewust verward met diversiteit en ongelijke behandeling! De keuze voor ziekelijke verkeerde variaties of een merk/kleur mascara is een kwestie van smaak of smakeloosheid zo ik met u meent, dat zijn echter geen wezenlijke kwesties! Dat mag dan ook geen pas geven net te doen voorkomen alsof lesbo's ongelijk behandeld zouden worden en/of gediscrimineerd, alsof art.1 enkel voor hetero's zou zijn, art.1. gaat dan wel terecht over mannen en vrouwen c.q. vaders en moeders maar niet over seksuele voorkeuren! Nu dat we het er over hebben, niet alleen kinderen worden misvormd, wij walgen van nature van zulke viezeriken, **mismaak art.1 nooit**!

Papa uit een potje ..
Bah al die neppapa's ook 2e moeders, kan het nog gekker? Alles en iedereen wordt bewust misleidt, niet alleen onze kinderen maar ook ons rechtssysteem wordt bevuild en misvormd! 'Ongelijke kansen' wordt doelbewust verward met discriminatie en ongelijke behandeling! Maak de publieke opinie gezond: (gescheiden) kinderen hebben recht op beide biologische ouders (hetero's!), arme arme kinderen meestal hun vader en zijn familie!

<u>Enorme 'bijkomende' schade en gevolgen</u>, weinigen staan stil bij de gigantische problemen waarmee vaders worden opgezadeld. Het is onvermijdelijk dat vanwege "eenzijdige duurzame ontwrichting" ook de sterke arm systematisch wordt ingezet om onschuldige vaders te verwijderen van hun kinderen thuis gezin de school etc.

Professioneel wordt vader, die te goeder trouw is, door ons rechtssysteem ingenaaid, totaal van de wereld en dus veel te laat komt hij er echter achter nooit meer thuis te komen van deze voor hem wel heel koude kermis!

<u>Geslagen vaders zijn als aangeschoten wild</u>, met alle geweld wordt meedogenloos door gejaagd, tegen wil en dank wordt vader als 'maakbare dader' willens en wetens met plezier welhaast duivels verder afgeslacht. Graag wordt collectief liefst een lelijk manbeeld gemaakt van kindmisbruikers die altijd hun vrouw slaan en haar in de steek laten, nooit (kind)alimentatie betalen en bij voorbaat onverantwoordelijk gevaarlijk onbetrouwbaar zijn. Met al zulke vooroordelen is de hysterie compleet, wishful thinking en goedgelovigheid doen de rest, en, het mooie is dat tegelijk zorgmacht veilig wordt gesteld. En dat terwijl iemand onschuldig is tot het tegendeel bewezen is, en dat terwijl uitlokking en haatzaaien verboden is. Toch was het mogelijk een anti-man blauwdruk in te bedden dat massaal in scène kan en zal worden gezet. Iedereen moet blindelings op overheid rechtssystemen e.d. kunnen vertrouwen, helaas kiezen (familie)rechters oneerlijk partij voor moeders en O.M.! Het systeem wordt gigantisch belast, alle onevenwichtige flauwekul van onafhankelijke rechters kan in NL niet grondwettelijk worden getoetst!

Ook kinderen worden geslachtofferd, aan de ontvaderingsmachine is niet te ontkomen, de schadelijke gevolgen blijven verborgen of worden PAS jaren later zichtbaar. Kinderen worden als wapens ingezet en de samenleving wordt als schild misbruikt, onder het mom van eigen keuze en gelijke kansen (alle politieke partijen en ook de overheid zijn rechts!) wordt over de gevolgschade van pro-actief preventief interveniëren met geen woord gerept, ook gezinsherstel in het algemeen wordt buiten hun vernietigingsspel gehouden. Steeds meer jongeren - met leugens zonder hun echte vader opgegroeid - worden vertrut en verhufterd voor 'lastig vallen' en 'misdragingen' zonder enig bewijs vastgezet in gesloten inrichtingen of in gevangenissen en zelfs zonder aanklacht en proces.

Geraffineerd wordt vader al eeuwen de rol van boeman toebedeeld, "oh mijn lieve mamaatje zeg het niet tegen papaatje." Begin 2009 werd in Australië een meisje aangevallen door een haai, als vanzelfsprekend een mannelijk beest! Duidelijk is dat de snode plannetjes zijn geprogrammeerd om de publieke opinie te manipuleren én om de scheidingsindustrie continu te voorzien. In 2008 werden mediators en ouderschapsplannen wettelijk ingevoerd terwijl men wist dat er weinig toegevoegde waarde is, bekend is ook dat bij ongelijkwaardige strijd bemiddeling geen enkele zin heeft. Neo-liberale riedels zijn nodig om vaders te reduceren en de tirannieke terreur van foute moeders en repressieve schijnveilige overheid goed te praten en zichzelf meteen te verschonen. Zulke retoriek dient tevens als 'afleiding en weigeren' om, onder het mom van 'samen en een goede moraal' fundamentele absolute fouten en wantoestanden te behouden, en eventuele klokkenluiders af te schrikken, antisociaal gewoon!

Een ontvaderingscarroussel dat is opgetuigd om vader erin te luizen en moeder veilig te verzekeren, alles wordt in haar tot dan toe droge schoot geworpen. Meteen worden sloten vervangen en rekeningen geblokkeerd, alvast wordt maximaal beslag gelegd op vaders inkomen vermogen en bezit. De ontredderde vader wordt uitgelokt en met karaktermoord zoveel mogelijk gemold om hem 'desnoods' ter bescherming van zichzelf veilig op te bergen.

Irrationele ongegronde angsten werken bij vele vrouwen door als een olievlek, goedaardigen zijn niet opgewassen tegen alle zalvende logica feitelijk psychisch geweld. Foute feministes misbruiken wishful praatjes al te graag, onder het mom van emotionele veiligheid raken velen besmet met hun soort valse programma's, bedrogen met liefde! Hoogopgeleide vrouwen bezetten inmiddels familierecht jeugdzorg kindbescherming en advocatuur, veel parlementariërs zijn feitelijk vrouwenvertegenwoordig(st)ers. Door misbruik van 'gelijke kansen' en vooruitgang is eenzijdig een organisatie ingericht om vrouwen te voorzien en tegelijk vaders in het bijzonder onmenselijk te behandelen, hen nog wel te kunnen blijven uitmelken voor moedersgerief. Veel vaders raken als donderslag bij heldere hemel in een sociaal isolement, verliezen kinderen gezin thuis vrouw familie vrienden collega's, ontberen adequate hulp zowel juridisch maatschappelijk medisch als psychologisch (erkenning PTSS), hulpverleners zijn bang om pedo-pseudologisch geassocieerd te worden met een dergelijke idiote criminele kindmishandelaar, men kan zelfs zijn/haar werk daardoor verliezen of, in scheiding geraken! Vrouwen 'voelen' zich nergens geremd in hun antisociale misdragingen, gewetenloze harteloze schijnheiligheid voelt zich kennelijk als God overal thuis!

'Onze jongens' sturen we naar Afghanistan, hen staat bij terugkomst nog meer trauma's te wachten (scheiding), 'onze meisjes' sturen we naar het familierechtfront. Paula Lampe schreef dat zulke vroegvolwassenen het vaak zelf zo nodig hebben om dat werk te willen gaan doen, dat de professionals vaker ziek worden, verslaafd raken en zelfmoord plegen omdat uiteindelijk het besef komt meer kapot te hebben gemaakt dan hen eerst lief was.

Goedgelovigheid wishful thinking en angst zijn belangrijke factoren om de anti-familie programma's van de overheid te kunnen laten bestaan, ondanks dat de begrotingen de pan uitrijzen, cellen vol zitten met vermeende stalkers en plegers huiselijk geweld, kindmishandelaars, onttrekkers/ontvoerders en zelfs met kinderen die allen als gevolg van de anti-man propaganda door politie kindbescherming en jeugdzorg gewoon worden opgeborgen.

<u>Valse geïnstitutionaliseerde beeldvormingen</u> slaan goed aan bij vredelievenden, kennelijk moet na de teloorgang van vader de schijn van goede moraal worden hooggehouden. Het aangedane leed, de ellende, vervreemdingen en misvormingen, alle moeilijkheden en levenslange schade aangericht, het zal ooit allemaal welbekend worden.

Zwaar overdreven beweringen over marginale misdraging van mannen staan in geen verhouding tot de enorme destructie die bij ontvadering komt kijken, er wordt niets geregistreerd, systematisch is de gewone man de lul.

<u>Foute feministes</u>, hebben middels harteloze collectieve anti-man propaganda pedologisch samen ouderen samen leven en werken met opzet eenzijdig onmogelijk gemaakt, een krankzinnige werkelijkheid. De hysteries worden klakkeloos geaccepteerd als bewijs om eenzijdig duurzaam te kunnen ontwrichten. Sensationele voorbeelden kunnen worden aangehaald om de hysterie te onderbouwen, maar het verkeer wordt toch ook niet afgeschaft omdat een persoon die men al onder schot heeft door het rode licht zou kunnen gaan rijden? Er wordt al te gemakkelijk gescheiden vanwege vooroordelen leugens en onheuse belevingen bij gelegenheid om procedureel te ontvaderen, stilzwijgend kijken deskundigen weg van de hysterische gezins- vaderschapscrisis. Gezag maar ook 'de betere ouder' behoort niet tot een kwestie te worden gemaakt, moeders gaan scheiden en vervolgens zou vader vrouw en kinderen in de steek laten, zou het onverantwoordelijk zijn hem voor zijn kinderen te laten zorgen en moet vader als man van nature altijd al gestoord agressief en (seksueel) crimineel zijn behalve als hij zonder morren oprot. En trouwens hij was altijd weg (aan het werk) heeft nooit voor de kinderen gezorgd dus moet niet zeuren, gewoon doorgaan met werk en betalen, ten slotte zet moeder haar navelstrengcomplex in.

<u>Publieke hysterie</u>, waarom is hierover bij de gewone burger en aanstaande gescheiden vaders niets bekend? De media sympathiseren liever met vrouwen en hun geveinsde onderdrukking en belevingen, het vliegwiel van de scheidingsindustrie - een vrouwensector met napraatlullen – is een hype die gigantisch veel bezigheden en geld genereert, de propagandamachine van de overheid doet goede zaken, echter schijn bedriegt want onder de streep is alles opgeteld een destructieve verspilling. Burgers worden een rad voor ogen gedraaid en worden repressief schijnveilig voor de gek gehouden. De groei van de ontvaderingsmachine veroorzaakte sinds de jaren '70 vorige eeuw een hysterische reeks van afschuwelijke maatregelen tegen vaders waar zowel links als rechts zich niet tegen verzet hebben, opzettelijke eenzijdige selectieve valsheden werden geaccepteerd, koehandel voor macro-economische sprookjes. In 2008 viel de opgeblazen kapitalistische droom aan diggelen, men gaf graaiers de schuld maar het probleem zijn de overheden zelf. Families worden gemold en dat kan natuurlijk nooit goed zijn, vaders en kinderen zijn en masse in tegennatuurlijke conflicten gebracht, vrouwen dachten met overheden er beter van te worden maar mannen en kinderen werden er dood- en doodziek van.

<u>Burgers die werken wanen zich midden in de maatschappij, echt leven is midden in de samenleving</u>. Het lijkt dat veel gescheiden vaders zichzelf isoleren vanwege de illusie met een werkplek 'erbij te horen' en hun bestaan zodoende te rechtvaardigen. Normaal passen vrouwen zich uit angst aan en verkwanselen principes om zich te handhaven. Veel gescheiden vaders komen in de ZW WW WAO en bijstand, gescheiden vaders komen niet voor niets in de collectieve voorzieningen en collectieve verzekeringen terecht en toch ziet het (dubbel)modale publiek dan dom genoeg uit eigen belang de slachtoffers als 'parasieten', ook onbegrijpelijk in het licht van samenleven. De individualistische zelfzuchtige antisocialen neoliberalen komen uit de socioses van eind 20^e en begin 21^e eeuw.

<u>Overal wordt vader vernederd gekwetst en gekrenkt</u>, ze zeggen "hij mag zijn kinderen niet meer zien", hoe kan er zo ongevoelig worden gereageerd en waarom zou vader toestemming/gunst nodig hebben? Bah, kinderen moeten 12 van de 14 dagen "met hun moeder zien om te gaan". Hoewel alle apartheid voor echt rechtgeaarden nooit is te accepteren houdt iedereen zich op de vlakte, dat zegt wat toch? De overheid strooit kwistig met leuke stalkingmobieltjes, bij gebrek worden lesbodirectrices in blijf-van-mijn-lijfhuizen aangesteld, burgemeesters nu kunnen als moeder het zint vaders uit huis zetten wat tevens een uitgesproken gelegenheid is om te scheiden zodat vader definitief op en weg kan rotten. Zonder bewijs worden gewoon valse aangiftes van kindermisbruik opgenomen, ook wordt niet geschuwd (op aanraden?) vader vals van incest te beschuldigen, verlamd staat hij perplex en machteloos, hij is verdacht en iedereen laat hem stikken. Terwijl hij in alle staten 'de omgang' probeert vol te houden ziet hij zijn kinderen al snel vervreemden en misvormen, kinderen en vaders kunnen geen kant op, hen rest steeds opgelegde keuzes uit kwaden, een mission impossible gedoemd (goeddeels) te mislukken.

<u>Wezenlijk is het bestaan geen leven meer zo</u>, kinderen passen zich (ego)defensief aan, vaders moeten desnoods vechten of vluchten in hun toch al gespleten bestaan. Ook al zijn er gelukjes bij al het ongeluk, een nieuwe relatie en dagelijkse succesjes en leuke gebeurtenissen te genieten, trauma's blijven bestaan en worden steeds heviger en dieper. Moeder lacht in haar vuistje en vaart kennelijk wel bij de valse status-quo, zij stelt zich onaanspreekbaar op anders wordt ze kwaad, Niet-communiceren legitimeert met psychiatrisch samenspel éénoudergezag, moeders ONwil is wet, ook kinderen moeten daaraan geloven, maar zou ze er echt goed van slapen? Er is geen winst, laat iedereen evenveel verliezen! En dan nu het goede nieuws voor dwaze vaders: omgangsONrecht wordt bestraft!

De 'samenleving' staat erbij en kijkt ernaar, de score hoeveel vaders er al gevangen zijn is onbekend, hoe dat nog te verhogen is ook (nog) niet onderzocht. Valse verklaringen en belevingen worden geroutineerd zonder bezwaar en uitsluitend opgenomen, aan waarheidsvinding wordt niet gedaan, vaders staan perplex, dat kinderen worden beschadigd blijft ook buiten beeld (met liefde gegijzeld en verminkt.) Ironisch dat in een intact gezin nauwelijks misbruik en geweld voorkomt, dat kerngezinnen de veiligste plek zijn, dat huiselijk geweld juist wordt uitgelokt vanwege scheiding, dat kindmishandeling voornamelijk speelt in eenoudergezinnen, dat ook jeugdzorg de handen vol heeft en dit soort problemen nooit aankan, bemoei je dan ook niet onheus met familieaangelegenheden!

Vaders kunnen vaak niet eens alimentatie betalen, dus ook advocaat of door derden aangestelde psychotherapeut niet en, jawel, worden dan als crimineel bestempeld. De *New York Times* bericht hoe idioot gemakkelijk scheiding tot gevangenisstraf leidt, Marvin Singer werd zonder proces veroordeeld omdat hij een advocaat die niet hij had ingehuurd $100.000,- moest betalen, de helft van zijn bezit zegge rechter. In Virginia, werd vader gesommeerd twee jaarsalarissen te betalen voor een scheiding waar niet hij om had verzocht en aan een advocaat die niet hij had ingehuurd. Vader werd gearresteerd en afgevoerd naar de gevangenis zonder aanklacht jury of proces.

Gescheiden kinderen worden veelal en juist niet eens naar vader toe gestimuleerd, tijdens huwelijk gold de plicht jegens elkaar, bij scheiding geldt dat plots niet meer, werkelijk krankzinnig. Gescheiden kinderen kunnen shock-schade vanaf hun 18e zelf verhalen, een gevoelige opgave die praktisch nauwelijks zal worden aangegaan, ook vanwege voortdurende Stockholm-syndroom en PAS. Het vader-kindleed en alle ellende zijn niet te overzien.

Familierechters zijn getraind in 'gedrag' en denken mensenkennis te hebben, vreemd genoeg worden leugens geaccepteerd en worden hun misdadige uitspraken misbruikt om geslachtofferde vaders strafrechterlijk te laten veroordelen wat vervolgens weer in civielrechterlijke lopende- vervolg- en bodemprocedures tegen vader wordt misbruikt daarna wordt met alle onrecht en onwaarheden vader ook jegens zijn kinderen levenslang achtervolgd!
Laten we wel zijn, er is geen wellevendheid en geen beschaafdheid ook wordt niet aan waarheidsvinding gedaan!

De kracht van herhaling, bescherming tegen (familie)ONrecht en recht op herstel worden opzettelijk onthouden.

Familierechters minachten grondrechten EVRM en IVRK aangaande vaders en kinderen, pre-juridisch al wordt enkel met moeders belang rekening gehouden. In Nederland anno 2007 beweerde familierechter QuikSchuijt op TV glashard dat jongetjes vanaf 2 jaar met een elektronisch dossier 'gevolgd' moeten worden, dit sluit aan bij de psychiatrie die – tijdens het parlementaire onderzoek naar verlof van gedetineerden - luid en duidelijk steeds de gelegenheid nam te vermelden dat in het algemeen testosteron de wereld zou vernietigen! Psychiaters pedagogen psychologen advocaten en rechters sluiten daar teleologisch bij aan. Aansluitend komt ook uit de psychiatrie dat zonder communicatie co-ouderschap onmogelijk is, en bijgevolg is 'samen ouderen' onmogelijk terwijl daar niet persé communicatie voor nodig is, overigens gaat moeder altijd al haar eigen gang. Vader wordt het bloed onder de nagels vandaan getrokken, raakt misschien tijdelijk aan de drank of schopt tegen een deur, misschien zelfs in het bijzijn van de kinderen, moeder veinst angst, hoeft niet meer te communiceren, meteen wordt in ontvadering voorzien, alle irreële (hormonaal gestuurde) misdragingen van moeder worden voor goed aangenomen want rust moet. Ook 'gelijke monniken gelijke kappen' wordt verkwanseld, om te ontvaderen zijn honderden drogredenen en gelegenheidsargumenten voorradig. Richard Russell rechter in New Jersey zei in 1994 tegen collega's "geen zorgen over grondrechten, gewoon vader op straat te zetten, laat hem gewoon stikken of sluit hem het liefst op!

'Kinderredders' hebben het zelf zo nodig, projecteren als vanzelf hun jargon met termen als extreme jaloezie, anderen de schuld geven, altijd kritiek, bezitterigheid, gezagsproblemen, neus ophalen, ontwijken, ontkennen, belachelijk maken van irrationele belevingen van het slachtoffer (vader is immers de dader.) Ongekwalificeerden zoals ambtenaren en sociaal-werkers plegen van de kouwe grond (hun ervaring en mensenkennis!) stelselmatig karaktermoord, sluiten preventief zelf vader maar even op. Zonder dat vader iets fout heeft gedaan en zonder bewijs wordt hij alvast van zijn kinderen gescheiden, een pedologisch collectief dat scheiden aanpraat als de enige oplossing en zelfs het beste voor de kinderen. Moeder is ook corrupt en verzet zich niet tegen deze misleidingen.

Als een moeder in de gevangenis of inrichting zit is er ook voor de kinderen recht op omgang, hierin worden moeders o.a. door Humanitas voorzien die vaders ook ongelijk behandelen. Overigens worden vrouwen meestal in een inrichting en 94% mannen in de gevangenis gestopt. Maar, al heeft vader een strafblad hij is en blijft vader, mens zelfs, slechts bij zwaarwegende bewezen redenen dient (tijdelijk) te worden ingegrepen waarna altijd gericht moet worden op maximaal herstel. Praktisch is vaders gezag al niets waard wat overigens ook niet tot kwestie behoort te worden gemaakt, immers, de kinderen hebben recht op hun beide biologische ouders (hetero's!) De overheid ziet kinderen liefst niet 'bij papa thuis', want dat is onverantwoord omdat hij moet werken, logisch want anders is hij gestoord en/of crimineel, toch? GVN's 'gelijk gezag bij geboorte' maakt (staats)ontvadering lastiger.

<u>Gehaaide methodes, een blauwdruk</u>: wereldwijd worden uit allerlei bronnen eenzijdig geldstromen gekanaliseerd om mannen uit te sluiten en vrouwen te voorzien ook van de kinderen. In een Amerikaanse staat is de *Violence Against Women Act* (VAWA) ongrondwettelijk verklaard, RADAR groepeerde een internationaal gezelschap (ook GVN) en kreeg het voor elkaar dat, een door Nederland gefinancierd rapport over *Violence Against Women* slechts ter notie werd aangenomen door de Verenigde Naties, dit vanwege vervalste informatie. Het wereldwijd invoeren van (huiselijk) geweld is vooropgezet met doel overheden vrouwen in een wapenarsenaal te voorzien en op alle mogelijke manieren publiekelijke vooroordelen te genereren met verkeerde disproportionele buitensporige destructieve manbeelden. Bijgevolg behoren kinderen vanzelf zonder vader bij moeder, weer ontvadering dus.

<u>Echte liefde gelijkwaardigheid en vrijheid raken verloren</u>, door de overheidsvoorzieningen om anderen te mollen. Terwijl alles van geen kant deugt, is met selectieve onvolledige informatie en kwade bedoelingen een gigantisch vliegwiel aangejaagd dat wereldwijd, over de ruggen van, schijnveiligheid biedt en eenzijdig 'vrijheid' garandeert. Voorzieningen worden overal op vrouwen toegespitst, mede door manipulatie van de media. Ook emancipatiecentjes worden enkel voor vrouwen aangewend en als dat al niet zo zou zijn dan mag de vrouwenmanier (grenzen stellen!) niet beschadigd raken en dus moeten bv. vadercentra als moedercentra worden gekloond. Mannen laten zich voor de gek houden, bijv. worden rolpatronen in gender/nurture/nature eenzijdig gedefinieerd met alle gevolgen van dien (goedpraten 2e moeders en neppapa's, de betere ouder als het beste voor het kind, onder het mom van kindbelang ongeacht nadelen zoals alle leed vervreemdingen mismaaktheden misvormingen zoals seksuele en andere verkeerde voorkeuren.) Mannen werken dom genoeg mee aan allerlei soorten kleineringen. Ik begreep laatst dat centjes voor toch al zeldzame mannenprojecten werden weggekaapt. Andere vormen van socioses zijn ook illustratief zoals kinderen die voetbalplaatjes spaarden, niet jongens maar meisjes kregen het woord bij jeugdjournaal en, volwassen mannen, dat laatste om mannen weer belachelijk te kunnen maken (als kinderen weg te zetten.)

<u>Valse beschuldigingen, 100-en drogredenen en gelegenheidsargumenten</u>: zoals 'niet communiceren' of veinzen hysterie met kindmisbruik en/of huiselijk geweld, stalking, onttrekken opzicht, ontvoering. De beschuldigingen worden bewust eenzijdig door overheden gefaciliteerd en gestimuleerd, **om gezinnen/families te splijten** en **om effectief te ontvaderen**. Ongeacht de waarheid, die arme kinderen moeten worden gered, zichtbaar reageren rechters 'woest' als kindmisbruik en/of huiselijk geweld wordt ingebracht, vader wordt hoe dan ook juridisch buitenspel gezet en levenslang geëlimineerd. "Zonder bewijs kunnen (gescheiden) moeders 'zeggen' zich bedreigd te voelen, 'zeggen' dat kindmisbruik en/of partnergeweld speelt, een valse beschuldiging op zich is al genoeg" schrijft de *Chicago Tribune*. In Utrecht verfijnde ene van der Hoeven de eerste en enige pilot 'huiselijk geweld', zonder bewijs en op basis van leugens en verzinsels werd een vader t/m de Hoge Raad veroordeeld.

<u>Een denktank werd geëntameerd (1e vz: Wim Koeslag)</u>, door het ministerie van Sociale Zaken & Wetenschap onder de vlag van emancipatie (Phoa), diverse voorbeelden van 'psychisch geweld op mannen en kinderen' zoals "ontvadering" kwamen aan bod. Ook de gewezen vader van bovenvermeld pilot zat bij deze groep die bestond uit: Wim Koeslag, Gerda Dijksman; Joep Zander; Bas van 't Hoff; Ad Verdiesen (dankzij PT!); Nique Overbeek; Theo Richel; Ipe Smit; Wim Orbons; Peter Tromp; Gerdie Bergh, van de; Ilva Elk, van; Maria Scali; Vera Wijnker en Rahma El Hannoufi. Lesbo Gerda Dijksman heeft vervolgens het monster 'huiselijk geweld' landelijk verankerd, opzettelijk zijn criteria over "psychische agressie" zonder overleg stilzwijgend uitgeselecteerd.

<u>Om het terrein van 'allochtone vrouwen' makkelijker te kunnen ontginnen</u>, werd enkele jaren laten wel de term 'eergerelateerd huiselijk geweld' gelanceerd. Hoezo bloedbanden beschermen, hoezo familielevens eerbiedigen?

<u>Nu zijn de moslims aan de beurt</u>, alle kinderen en vaders moeten harteloos koud en kil eenzij-ig worden gemold, niets wordt geschuwd alles misbruikt, het doel heiligt de middelen. Macro-economisch zal 'alle vrouwen aan het werk' worden ontmaskerd door de zelfregulerende werking van toegevoegde waarde. Er zal achteraf blijken dat vooral destructie verspilling en bezigheid is gegenereerd, een onaflosbare staatsschuld met bijkomende schade!

Ook kindmishandeling hysterisch voor het voetlicht, alweer 30 jaar is dat de praktijk, sensationele incidenten resulteren in het standaard en massaal verscheuren van gezinnen en families en daarbij schaamteloze onterechte gevangenisstraffen, hoeveel levens er zo concreet verwoest zijn wordt door de overheden vast niet geregistreerd.

Valse beschuldigingen worden routinematig beloond en nooit bestraft, zeker bij procedures over zorgregelingen, wat algemeen bekend is onder studenten en docenten. Elaine Epstein, president van de *Massachusetts Women's Bar Association*, schrijft dat kinderen als wapen worden ingezet en valse beschuldigingen tactisch voordeel opleveren, misbruik en obstructie van het rechtssysteem wordt stilzwijgend toegestaan. De *Illinois Bar Journal* beschrijft hoe valse beschuldigingen bij scheidingen in de besluitvorming door rechters worden misbruikt. *UMKC Law Review* doet verslag over een onderzoek bij advocaten en rechters hoe gehaaide valse beschuldigingen kindmishandeling huiselijk geweld incest en alleen al 'gedrag' strategisch worden gebruikt om (in het kindbelang!) te ontvaderen, in de *Yale Law Review*, stelt Jeannie Suk dat huiselijk geweld in feite systematisch als scheiding wordt beschouwd.

Huiselijk geweld kan direct tot scheiding leiden (ontvadering!), is door de 1ᵉ Kamer bij aanname van wet 30.145 uitdrukkelijk gesteld. Vader wordt valselijk beschuldigd en legaal gecriminaliseerd om zo systematische beroving van kinderen vaderschap gezin haard en huis te rechtvaardigen, op alle fronten zal vaders leven gemold worden. Vooral PvdAchterlijken en CDA (ChildDetectionAgency) hebben een kluwen mensonwaardige wetten gemaakt, ontvadering staatskinderen kinderhandel.

Gigantische geldstromen worden gekanaliseerd, om effectief mannen uit te schakelen en niet om minder geweld want dat bleek een drogreden. Overheidsgeweld en moedermaffia onder het mom van menselijkheid, alle meisjes ook in derde wereldlanden raken geassimileerd, het westen leert niks van fouten, arme jongens meisjes en hun vaders. Overigens hebben biologische vaders in 2008 om kinderen van adoptie te redden vetorecht gekregen.

Het miljarden verslindende vernietigingskamp van de scheidingsindustrie, is "een volkomen onrechtvaardig en oneerlijk rechtsgebied" schrijft David Heleniak in the *Rutgers Law Review*. Het gedrocht huiselijk geweld is met allerlei pseudologische riedels geïnstitutionaliseerd wordt in het studentenblad *Aggression and Violent Behavior* door Donald Dutton and Kenneth Corvo geschreven. Onwaarschijnlijk genoeg is huiselijk geweld binnen no-time sociaal-maatschappelijk ingebed, enkel op 'zeggen van' vermoedens en zwakke bewijsvoeringen worden huis-straat-wijk-school-contactverboden onmiddellijk strafrechterlijk opgelegd. Burgemeesters zijn apart toegerust om zonder enige vorm van proces de sterke arm in te zetten. In een speciale uitgave van het feministenblaadje *Mother Jones*, dat ogenschijnlijk over huiselijk geweld zou gaan, wordt gedetailleerd beschreven hoe moeders zich nog makkelijker kunnen verzekeren van toch al gelegaliseerde kinderdiefstal. Van huiselijk geweld en kindmisbruik bestaan geen exacte definities, vaders genieten geen grondwettelijke rechtsbescherming en zware criminelen wel.

Alimentatie is geen kijkgeld om je kinderen mogen zien, unfair wordt valselijk een onevenwichtige status-quo bestendigd en opgerekt, over graaicultuur gesproken. Overheid bedankt, ons staat meer afwijkende (seksuele) voorkeuren uitwassen en ziekelijke uitspattingen te wachten, arme mensen, arme arme gescheiden kinderen meestal hun vader en zijn familie! En over armoei gesproken, ik knok al jaren en redt het niet, schrijf ook nu weer gratis en hopelijk niet voor niets, dus, donaties zijn welkom wellicht dat een miljonair(e) garant wil staan?

<u>De scheidingsindustrie is zelf de belangrijkste oorzaak van kindmishandeling</u>, instituten als de Raad voor de Kinderbescherming draaien vooral op ontvaderingsexpertise. "De aanwezigheid van vader en zijn beschermende invloed vermindert het risico op seksueel misbruik van kinderen," stond in 2000 in *Adolescent and Family Health*.

<u>De kans dat vader een misstap begaat is minuscuul</u>, slechts een klein deel van alle seksuele kindmisbruik (fysieke mishandeling komt veel vaker voor en vooral sleuren knijpen en slaan door moeders) wordt door de biologische vader gepleegd. Maar, de overheid gooit alle vaders op een grote hoop met foute vriendjes stiefvaders en foute mannen om een vals wereldbeeld te bestendigen dat o.a. incest wijdverbreid zou zijn. Ook advocaten doen het anders voorkomen, kindmisbruik komt nauwelijks bij kerngezinnen voor en bijna als vader afwezig is. Het is al lang bekend dat vrouwen (psychisch) agressiever zijn dan mannen, en dat het meestal mannen zijn die worden vermoord, ook kindermoord komt meestal op conto van (gescheiden) moeders en/of haar aangepaalde vriend.

In tegenstelling tot de publieke perceptie, toont onderzoek aan dat fysiek kindmisbruik in kerngezinnen meestal een moederdaad laten Patrick Fagan en Dorothy Hanks weten. 55% van de kindermoorden wordt volgens het *Justice Department* door moeders gepleegd. HHS kwam erachter dat de kans op kindmishandeling door vrouwen tussen de 20 en 49 jaar bijna 2x zo groot is als door mannen, de biologische vader was bijna nooit dader.

Cyclus van geweld, valse beschuldigingen passen bij het bedrijfsplan voor éénoudergezinnen en vanzelfsprekend komt daar kindmisbruik van. Het *Department of Health and Human Services* (HHS) laat weten, "zonder vader lopen kinderen meer risico dan wanneer gewoon normaal in kerngezinnen met beide biologische ouders wordt geleefd: 77% meer fysieke mishandeling, 87% meer psychische mishandeling en verwaarlozing en, 80% meer schade!"
Family Education Trust rapporteert dat de kans op kindmishandeling in "niet-kerngezinnen" 33 keer hoger is!

Bij kindmishandeling is de echte vader dus de meest onwaarschijnlijke dader, met schijnoplossingen (elimineren van vaders) wordt gescoord op onnodige problemen door dezelfde overheid zelf gecreëerd. Als gevolg van alle eenzijdige voorzieningen moet scheiden en ontvadering op zich als kindmisbruik worden gezien, de overheid is met haar absolute fouten bijgevolg zelf misdadig, een voorraad van 100-en drogreden gelegenheidsargumenten en doxa's zijn bruikbaar om scheiden (kindmishandeling) goed te praten!

Kindmisbruik en kindmishandeling hebben dus institutioneel enorme proporties gegenereerd, en de dader is dus meestal niet de biologische vader. Wanneer vader niet door scheiding buitenspel kan worden gezet wordt hij dat met karaktermoord en valse beschuldigingen nodig voor een stuitend systeem dat afhankelijk is van een continue aanvoer van kindmisbruik. In de politicologie is bekend dat bureaucratie verkokert en voor eigenbelang harteloos problemen worden gemaakt die nooit hadden mogen bestaan. Het is een grof schandaal hoe er met vaders wordt omgegaan, hoe vaders apart en als laatsterangs worden mishandeld. Bewust is een afschuwelijk gruwelijk monster opgetuigd, een leger deskundige zakkenvullers die een gezamenlijk belang dienen om zoveel mogelijk scheiding ontvadering en kindmisbruik te genereren, besef ook dat valse beschuldigingen nooit zullen leiden tot onschuld.

<u>De publieke verontwaardiging over vermoorde kinderen</u>, die onder toezicht stonden is enorm! De *Washington Post* en vele rechters waren blij met meer overheidsgeld, Olivia Golden directeur bij *Child and Family Services* nam onmiddellijk meer werkneemsters aan en verdubbelde het aantal advocates! Kinderen sterven door toedoen van deskundigen, logischerwijs zijn er dus meer deskundigen nodig, huh begrijpt u het nog? Evenzo is bezwaarlijk te tolereren dat rechters geen notie zouden hebben van de meest gevaarlijke omgeving voor kinderen namelijk dat ze zonder hun echte vader moeten opgroeien in onvolledige gebroken gezinnen. Rechters bedachten causaliter medio jaren '90 vorige eeuw voor ontvaderingsterreur smakeloze walgelijke exclusief discriminerende bedrieglijke misleidende termen als 'hoofdverblijfplaats', 'niet-verzorgende ouder' en 'eenoudergezin=alleenstaande moeder'.

<u>Kinderhandel, koehandel</u>, de kindmisbruikindustrie laat zien hoe bedreigingen voor complete gezinnen weer andere bedreigingen creëren, bijv. scheiding leidt gericht tot afwijkende vormen zoals lesbogezinnen. Gescheiden ontvaderde kinderen worden met alle risico's blootgesteld. Boven op alle gesol verworden kinderen steeds meer eenzijdig vervreemd en misvormd, vooral voor de ziekelijke zelfzucht en irrationele belevingen van moeders.

<u>Wanneer kinderen in rechtszaken betrokken worden moeten zij gehoord worden (IVRK-12)</u>, alle mensen (groot en klein) hebben 'hoorrecht' (gescheiden kinderen zijn weliswaar altijd in conflict maar zijn dankbaar en opgelucht van hun vader te horen 'zwijgrecht' te hebben!) Al zijn kinderen al jaren gescheiden en gewend met het gemis en zonder hun vader te '(over)leven', van meet af aan zou moeten worden gehoord, ook de optie te horen bij 12 jaar wordt nagelaten, rechters en advocaten verkwanselen EVRM&IVRK, ordinaire laaielichters! Waneer kinderen 18 jaar worden zouden zij al hun (shock)schade moeten gaan claimen!

<u>Gescheiden kinderen worden aan onacceptabele risico's blootgesteld</u>, politieke kwesties aangaande jeugd&gezin betreffen meestal gebroken gezinnen. Scheiding (meer dan 80% door moeders) doet kinderen al tekort, moeder 'zegt' dat vader haar (en <u>haar</u> kinderen) in de steek heeft gelaten en geen (kinder)alimentatie betaalt. Anno 2009 wordt armoede opgeworpen om wereldwijd nog meer gebroken gezinnen te realiseren en, te voorzien. Ook incidenten als 'zwanger na misbruik' wordt uit de context gerukt en op een grote hoop gegooid, let wel die hoop voorzieningen waarvoor mannen altijd agressief en schuldig moeten zijn, ook tienermoeders zijn gestigmatiseerd en overigens altijd weer geouwehoer zonder vader over vader. Grote groepen professionals varen er ten koste van en over de ruggen van de geslachtofferden legitiem wel bij en mesten hun kinderen vet, ook op rekening van de maatschappij en samenleving! Ontvaderen, meer psychologiseren en criminaliseren, meer moederzorgmacht, meer vervreemding misvorming enzovoort. Zorgmacht als grote verantwoordelijkheid dient niet om 'uit liefde het beste voor kinderen te betekenen", maar om financieel en juridisch goed voorzien volledig bewapend dik voldaan lekker naar beste kunnen te ontvaderen; gescheiden kinderen, omgangskinderen, gebroken gezinnen!

De discussie over kindbelang vs. lesbogezinnen wordt opgehangen aan non-discriminatie en gelijke behandeling, en dat na ontvadering! Er moet in 'de geluksbeleving' van moeders en 2ᵉ moeders worden voorzien, neppapa's dienen ook ontvadering dus moeder en dat allemaal in het kindbelang! Tegen wil en dank, zonder vader over vader en ook kinderen wordt niets gevraagd, **de laaielichterij met 'gelijke kansen' is helder en duidelijk!**

Familierechters zetten met ontvadering de toon, het verzaken begint al met 'het horen' van gescheiden kinderen.
Zo hebben scholen hebben de eigen plicht ouders te betrekken en te informeren, ook dit wordt verzaakt in feite zo meewerkend aan vervreemding en misvorming van kinderen. Op instructie van moeder kiezen basisscholen partij en weren vader, doen feitelijk aan ongelijke behandeling en laten vaders ten overstaande van kinderen en ouders door de politie van het schoolplein verwijderen, terwijl hij zoals te doen gebruikelijk gewoon als vader kwam. Zelfs als vader in dezelfde wijk woont 'bestaat hij niet', ook na-schoolse opvang 'helpt' om kinderen maar niet bij vader (thuis) te laten zijn. Ook buurvrouwen hanteren zo'n platitude, wanneer vader niet wil scheiden en/of voor de kinderen vecht wordt de hele bende opgetrommeld, samen steken ze de koppen bij elkaar en doen valse aangiftes tegen vader. Zelfs wordt niet geschuwd puberende dochters te betrekken, ook politie lacht vader uit en roept vreselijke dingen dat zij zullen zorgen dat hij zijn kinderen nooit meer zal zien, bijna was dat gelukt.

<u>De kracht van herhaling</u>, bescherming tegen (familie)ONrecht en recht op herstel worden opzettelijk onthouden.

<u>Zelfs wanneer kinderen laten weten hun vader zeer te missen en (meer) bij hem te willen zijn</u>, zijn de leugens en irrationele belevingen van moeder voor rechters leidend althans zolang het niet in vaders belang is, zo ook weer kinderrechten schendend. Wanneer beide ouders er niet aan ontkomen sociaal-maatschappelijk samen te werken, bijv. aangaande school of ID-kaart/paspoort, beleeft het verscheurde kind dat dubbel want van een kant is het samenzijn met beide ouders fantastisch en aan de andere kant verpest de ONwil van moeder iedere voortgang.

<u>Alle relationele banden raken verziekt</u>, onacceptabele risico's worden bewust en opzettelijk genomen tegen wil en dank van kinderen en vaders, rechters overheid en moeders zijn hoofdaansprakelijk, bruut en wreed bedrog met liefde, mensonterende onmenselijke praktijken ten opzichte van kinderen en vaders! Toestaan om kinderen bij lesbo's op te laten groeien houdt per definitie ontvadering in, een ander gaat er met vaderschap vandoor, zelfs zonder zijn medeweten en toestemming. Een ander is betrokken bij zijn kinderen, brengt zijn kinderen naar bed en staat ermee op, beleeft iedere dag de vreugde en beslommeringen welke aan vader toebehoren. Wetgeving over scheiding, huiselijk geweld en kindmisbruik is vaderexclusief (in)gericht. Kinderen verkeren in liefdeloze harteloze omstandigheden, zogenaamd leuk en goed, internaliseren foute voorbeelden, zien dat mannen/vaders gewoon gedumpt kunnen worden, dat er gewoon gelogen kan worden, dat moeders er gewoon mee wegkomen.

Zelfs zijn eigen ouders broers en zussen laten vader stikken en veroordelen hem voor zijn kinderen te knokken, het is voorgekomen dat 2 broers in het onderwijs werkten en gewend aan ontvadering op het schoolplein hun ontvaderde broer dreigden hem aan te geven vanwege kindmishandeling omdat hij toch naar school bleef gaan.

Het 'nimby' publiek is allergisch voor vaders, die alle frustraties en traineringen en alle aangedane mensonterende onrecht en al het wezenlijke aangedane leed en alle verlies moeilijkheden en schade nooit zullen accepteren!

Er zijn zelfs grootouders, die hun zoon nooit liefde&aandacht hebben kunnen geven en nu voor omgang met de kleinkinderen knokken, meeheulend met onbegrip voor hun bloedeigen zoon, een alcoholverslaafde vader! Op allerlei manieren krijgen kinderen een volstrekt verwrongen beeld van vader opgedrongen, natuurlijk is papa er kapot van en boos en niet blij, natuurlijk is papa zonder zijn kinderen doodongelukkig en aan de alcohol geraakt!

Ook Bewust Ontvaderende (lesbo)Moeders zijn foute voorbeelden erger nog dan loverboys, immers we weten dat kinderen meestal in groepsverband ontsporen door enkelingen die uit onmacht en angst niet normaal samen kunnen leven en stoer afwijkende verkeerde richtingen (voorkeuren) nemen om zichzelf 'beter' voor te doen?

Hoezo 'geven' vrouwen genadevol en zijn mannen slechts op één ding uit, hoezo dan al die zelfzucht en lesbo's?

Een tekort aan pleeggezinnen voor misbruikte kinderen, die bij 'naar men zegt' een permanent thuis bieden bij goede nepouders is een oproep om nog meer te ontouderen. Biologische ouders die eventueel tijdelijk niet in staat zijn voor hun kinderen te zorgen worden voorgoed uitgeschakeld zonder recht op herstel en zonder recht op bescherming tegen familieONrecht. Ontoudering speelt structureel ook bij adoptiegezinnen, autochtoon gezien meestal na jarenlange ontvadering dus uit gebroken gezinnen, behalve wanneer het weeskinderen betreft kan wanneer het echt om het kindbelang gaat, de te verwachten investeringen in NL aan de biologische ouders worden gegeven, die zijn dan meteen uit de problemen en voelen zich de koning te rijk, da's toch veel mooier?

Nepouders werken herstel tegen, kinderen worden permanent ongezond gebonden, lekker makkelijk ook voor professionals! Nepouders vinden het zelf te erg de met Stockholm-syndroom behepte geroofde kinderen af te staan en werken zoveel mogelijk het gezinsherstel thuis bij de bloedeigen (getraumatiseerde geneurotiseerde gepsychologiseerde gecriminaliseerde) biologische ouders tegen. In het kindbelang wordt er onheus geroepen, bah het is helemaal niet zo mooi, in werkelijkheid van meet af aan al uit zelfzuchtige motieven. Eigenrichting onder het mom van goede moraal, arme kinderen meestal hun vader en zijn familie, de stelselmatig door de overheid gegenereerde kindmisbruik-industrie dient zieke vrouwen door in ongezonde kinderwens te voorzien.

Kinderhandel, instanties én biologische ouders worden onder druk gezet om in kinderen te kunnen voorzien. Spermadonors zijn soms 25x vader zogenaamd hulpvaardig voor ontvaderende vrouwen met een kinderwens.

Ondernemingen voor pleeg- en adoptiemoeders schieten als paddenstoelen uit de grond, de (overheids)handel in kinderen is een koehandel, illegaal vanuit niet-westerse landen maar ook worden via internet **kinderen te koop** aangeboden en gevraagd. Draagmoeders bieden zich aan, vaders staan buitenspel en lullo's praten hun vrouw na. In San Diego bieden **baby-makelaars** hun diensten aan, de vraag naar kinderen wordt steeds groter, vrouwen in het bijzonder is wijsgemaakt recht te hebben op 'geluk', niemand wordt daar echt vrolijk van, de overheid zelf is ziek- en gekmakend en veroorzaakt kinderhandel. Baby Donna mocht niet naar haar eigen vader, een voldragen baby werd weliswaar door drugsverslaafde ouders voor 10.000,- euro verkocht, er speelt sowieso al junkgedrag! Overheden en media zijn wellicht meer hoofdschuldig dan foute moeders, denk aan alle anti-man campagnes. Ook al lijken bepaalde reclames niet man-onvriendelijk eigenlijk zijn ze dat wel, denk aan opmaakspullen en leg het verband met travestieten en andere rariteiten. Roken is verboden maar parfum en allerlei vieze luchtjes niet. De media moet zich ten zeerste aantrekken dat de publieke opinie continu eenzijdig onjuist wordt beïnvloedt, de media dienen continu de aandacht in evenwicht te houden, hopelijk geeft dit artikel daar een sterke impuls toe.

De meeste pleegkinderen waren al ontvaderd, door scheiding of vanaf de conceptie, ook kinderen die door de RvdK JZ en kinderrechters onder toezicht zijn geplaatst en uithuis zijn gehaald worden geleverd om aan de ongebreidelde kindervraag te kunnen voldoen, kindmisbruik gedragsproblematiek en misdadige jeugd zijn dus welkome fenomenen waar symptoombestrijding het beste voor iedereen is behalve voor de biologische ouders.

Ook draagmoederschap neemt een enorme vlucht, minder gevoelig ligt IVF maar ook daarbij speelt al te vaak ontvadering. (Lesbo)feministes kramen uit dat zij met IVF de continuïteit van de mensheid waarborgen vanuit hun wetenschap dat mannen overbodig zijn waar zulke types anders wel eens even fijntjes voor zullen zorgen. Soms worden mannen dronken gevoerd en nog een keer goed verwend om vervolgens in hun slaap te worden gecastreerd. Vrouwen informeren elkaar graag foutief, vergelijk familierechters en, vrouwe Justitia is lesbisch.

<u>40% van de adoptiekinderen gaan naar lesbogezinnen</u>, zo claimt Senator Therese Murray uit Massachusetts. Kinderen worden onnatuurlijk opgedrongen en gedwongen van niet-biologische nepouders te houden, alsof verkeerde seksuele variaties gewoon normaal zouden zijn! Men probeert de foute situatie mooier te maken dan die in werkelijkheid is. Kinderen toevertrouwen aan 'twee moeders' waar een van beide nepperds zich vaak plaatsvervangend vader voelt, bah kan het nog zieker, nogmaals (zulke) vrouwen zijn knettergek! Biologische ouders worden meestal ten onrechte deskundig gepsychologiseerd en gecriminaliseerd, conflictjes hulpvragen en problemen worden onder een vergrootglas gelegd zodat alles nog meer uit de hand loopt, instanties verzekeren eerst hun eigen bestaansrecht en legitimeren zo hun fouten, in plaats van vader en moeder en (daarmee) kinderen te helpen wordt op scheiding kindmisbruik en andere vreselijkheden gericht, het bestuur de overheid en het hele Trias Politicas faalt. Het aangedane leed is niet te overzien, ouders en kinderen worden levenslang beschadigd.

<u>Ontvaderingsexperts hebben een beeld van agressieve vaders geproduceerd</u>, een nietsontziende man die vrouw en kinderen in de steek laat of hen zelfs doodslaat. Zodoende is hij er nooit voor de kinderen geweest noch voor zijn vrouw, een liefdeloos egoïstisch en egocentrisch beest enkel uit op seks, onverantwoordelijk en nooit in staat voor vrouw en kinderen te zorgen. In werkelijkheid had mevrouw de sloerie zelf niets te bieden dan misleiding. Rolpatronen zijn funest en onmenselijk voor gewone mensen, maar ja, de een z'n dood is de ander d'r brood.

Met het gemene beeld dat 'vaders hun gezin in de steek laten', wordt tevens 'bij voorraad' een koppeling met alimentaties gemaakt ongeacht dat vader vaak niet eens kan betalen. Voorzien van pseudologische psychopraat is vader verantwoordelijk voor zijn leven en als hij gek genoeg kapot gaat aan alles is dat enkel en alleen zijn eigen schuld, alsof alles zijn keuze is en hij altijd al een 'loser' is geweest, moeder heeft zich vergist. In werkelijkheid wordt vader tegen wil en dank gedwongen in slechts keuzes uit kwaden, een mission impossible, vaders willen meestal niet scheiden en zeker niet van hun kinderen maar zijn bij voorbaat kansloos! Niet vaders zijn ongevoelig harteloos en onmenselijk maar foute moeders, vaders zijn 'de zwakke partij' maar worden niet beschermd, vaders zijn vogelvrij en staan in de kou, als roependen in de woestijn. Overheidsgeweld en moedermaffia, scheiden en ontvadering zijn ware folteringen/martelingen en de zwaarste vormen van kindmisbruik en kindmishandeling!

Ook na scheiding kan een dergelijk loeder gerust haar destructieve gang blijven gaan, kickend en scorend schuwt ze het niet om de al ontvaderde kinderen te misbruiken voor haar wraakzuchtige haatvolle misdadige praktijken om vader levenslang te mollen! Bij gelegenheid kunnen kinderen door moeder vervreemd&misvormd worden wetende dat rechters en niemand haar ooit ter verantwoording zullen roepen, moeder zal nooit schuldig worden bevonden en willens&wetens verzekeren schijnnaïeve rechters haar zogenaamd in het kindbelang dat ze gerust kan zijn, misdaad loont! Ook financieel wordt moeder maximaal voorzien, ook hier geldt het 'gelijke monniken gelijke kappen' voor het gemak even niet meer, dat moeder kostwinner is en/of vermogend doet er niet toe, ook krijgt vader nooit (kinder)alimentatie ook niet voor 'omgang' mogelijk te maken, ook wordt vader stelselmatig (fiscaal) mishandeld als 'zijnde alleenstaand/kinderloos'. De trukendoos gaat verder open, naast zijn kinderen moet vader al zijn bezit inleveren bijv. om de advocaatkosten van de bewust ontvaderende moeder te betalen, ook al heeft moeder een (hoog) inkomen en/of is ze vermogend, vader moet (voor straf!) zolang en zoveel mogelijk maximaal betalen, moeder hoeft enkel even op internet uit te zoeken hoe het best een hak te zetten.

<u>In Amerika moet vader zelfs moeders advocaat betalen voor de ontvadering en gelegaliseerde kinderdiefstal</u>, om zichzelf te laten traumatiseren trematiseren neurotiseren psychologiseren en criminaliseren! Zo verzekeren vele professionals zich van hun maatschappelijke bestaansrecht, door de valse status-quo houden rechters c.s. jarenlange procedures in stand, wordt ontvadering geïnstitutionaliseerd en weten 'deskundige zakkenvullers' zich levenslang dik voldaan. Wie niet horen wil moet voelen, wanneer vader als een klein kind weigert de dictaten op te volgen bijv. wanneer hij de alimentatie niet kan opbrengen wordt hij meteen als een crimineel opgesloten, echter, zonder rechtsbescherming. Zonder bewijs wordt vader zonder meer als schuldig behandeld, hij is al kansloos en moet maar zien te bewijzen dat hij een goede vader is, legale kinderdiefstal op basis van bullshit, **vader wordt gedwongen toe te stemmen in scheiding en afstand te doen van zijn kinderen.**

<u>Ongrondwettelijk stimuleren en faciliteren alle overheden eenzijdig moeders,</u> daarbij worden gericht systematisch normen aangelegd zodanig dat vrouwen uit midden- en onderklasse zo gemakkelijk mogelijk kunnen scheiden en daarbij maximaal worden geholpen en zodanig dat vaders het zo moeilijk mogelijk wordt gemaakt. Niet om het een of ander, gewone zorgzame vaders waar helemaal niets mee aan de hand was, die zich nergens schuldig aan hebben gemaakt en niets te verwijten valt worden als vuilnis gedumpt en moeder verdwijnt met hun kinderen!

Dat moeder zich heeft misdragen, vreemd is gegaan of vader (psychisch) ernstig mishandelde, en stelselmatig tekort deed doet er niet toe. Moeder is zich al jaren aan het opfokken door PND en/of andere stoornissen en maakt haar gevoel (de liefde van haar leven!) stilaan zover kapot dat ze VOOR HAAR GEWETEN kan gaan scheiden, manliefs wensen en zorgen worden jarenlang afgewimpeld met smoesjes, het komt wel goed. Moeder praat niet en als vader aandringt wordt ze kwaad, mannen zijn daar gevoelig voor en houden dan maar liever hun mond. Vrouwen zitten vaak (seksueel) 'autistisch' opgesloten in allerlei nepriedels, kunnen niet echt liefhebben samenwerken communiceren zich uiten, ook de kinderen lijden onder haar juk. Is het kwaad geschiedt dan wordt de projectietruc weer uit de kast getrokken om haar persoonsstoornissen manlief te verwijten, manlief verkeerde in de veronderstelling dat alles nog wel goed zou komen maar wordt als donderslag bij heldere hemel met scheiding geconfronteerd, wellicht enigszins onbenullig maar neem dat hem als leek en slachtoffer niet kwalijk.

Al wil de zorgvader zelf voor zijn kinderen zorgen in plaats van ervoor te betalen, 'het is geen kijkgeld!' en ook al zijn zijn centjes voor de kinderen bedoeld, moeder hoeft haar uitgaven nooit te verantwoorden en geniet er lekker zelf van de kinderen net zo makkelijk verwaarlozend, niemand doet wat, iedereen staat erbij en kijkt ernaar! De welwillende ouder zou in het kindbelang beloond moeten worden! Het komt voor dat vader&moeder alles samen deden, dus evenveel zorgden werkten en zelfs evenveel inkomsten inbrachten, door dictaten van familierechters heeft moeder plots van meet af aan 7x zoveel als vader, die weggestopt op een camping zelf te weinig heeft dus ook voor omgang! Onbehoorlijk onbetamelijk misdadig zijn stelselmatig gelegaliseerde kwalificaties voor moeder, **vader is de lul**!

Inmiddels zijn er moeders die van scheiding hun beroep hebben gemaakt, van alle centjes die moeders door de overheid van vader of middels gemeenschapsgeld onder de noemer 'voor de kinderen' ontvangt zou volgens de econoom Robert Willis **70% pure winst** zijn. Er bestaan gezinnen met 7 gescheiden kinderen van één en dezelfde moeder door 7 verschillende vaders verwekt die allemaal het volle pond aan kinderalimentatie moeten betalen, ook wordt moeder van overheidswege overal in voorzien en geniet zij allerlei (fiscale) voordelen. Ook is het een trend om formeel te scheiden en praktisch gewoon samen te blijven leven, onbekend is al het misbruik rondom scheiden, duidelijk is dat scheiden door de overheid wordt aangemoedigd, **scheiden is hoogst lucratief**.

De kracht van herhaling, bescherming tegen (familie)ONrecht en recht op herstel worden opzettelijk onthouden.

Vanwege macro-economische motieven worden middenklasse vrouwen beleidsmatig uitgenodigd tot scheiding, schrijven Kimberly Folse en Hugo Varela-Alvarez in *Journal of Socio-Economics*. In het algemeen belang is dat voor de vrouwensekte (meesteressen in aanpassen metamorfose en mimicry) dus een kwestie van buigen of barsten.

Vaderloze kinderen vaderloze gezinnen en kinderloze vaders (alleenstaande moedertjes!), zijn voor de (lokale) overheden een uitgavenpost maar daarnaast ook een bron van inkomsten, 'per kind' worden subsidies verstrekt die naar eigen goeddunken kunnen worden uitgegeven, zulke kostenposten zijn door de politiek ontworpen en moeten in stand worden gehouden, daarom worden deze kosten op hoog niveau gecontroleerd (kindpolitiek.)

Door het aanmoedigen van scheiden bij grote groepen vrouwen worden niet alleen de opbrengsten onmiddellijk gemaximaliseerd, tegelijk ontstaan meer 'huishoudens' waardoor systemen meer opbrengsten genereren (meer belastingbetalers, meer huizen.) Familievernietiging kost de belastingbetaler in de USA steeds meer en bedraagt jaarlijks ten minste al 3 miljard dollar. Veel subsidies worden onheus verdeeld zoals bijv. emancipatiecentjes voor jonge vaders worden buitgemaakt en verdwijnen spoorloos in de diepe zakken van de kind-moedervoorziening.

Ook in Nederland worden - onder de noemer 'trematisering' -, incorrecte normen door commissies van rechters gehanteerd waardoor veel te hoge (kind)alimentaties worden toegewezen. Deze constatering wordt ook door de econoom Teken Rogers aan de verantwoordelijke commissie in de staat Georgië onderschreven, trematisering resulteert in bovenmatige lasten gebaseerd op lelijke eenzijdige economische motieven. De toewijzingen kunnen daardoor nooit betaald worden met alle gevolgen van dien zoals deurwaarders faillissementen schuldsaneringen.

Door de bescheidenheid die kerken betrachten bij ruzies in gezinnen, nam de staat, **nadat** mannen (juridisch en sociaal-maatschappelijk) tot 'zwakkere partij' waren gemaakt, de gelegenheid om onbeschroomd in te grijpen (te graaien, blijf met je klauwen van onze kinderen af!) en al decennialang massaal gezinnen te splijten. Overheden manifesteren zich anno 21^e eeuw als **op kinderhandel gestoelde ontvaderingsstaten**, de laatste 40 jaar is door foute feministes van onze samenleving een soort niemandsland gemaakt althans voor vaders. Mogelijk doordat geestelijke zorg vanwege strikte secularisatie met de religieuze samenhang verloren is gedaan en terwijl de bomen tot aan de hemel groeiden werd volwaardige zorg gereduceerd tot autonomie. Eerst nog in vertrouwen en met goede bedoelingen verschaften professionals zich een voet tussen de deur, nietsvermoedend haalden gewone mensen zo wolven in schaapskleren in huis, met motto's als 'kinderen eerst ja dus zonder hun ouders' tegelijk was er bij onvruchtbaren lesbo's autistes en relatieschuwsters een grote vraag naar kinderen. Datzelfde 'soort' professionele 'mensenredders' zijn bv. rechters advocaten psychotherapeuten sociaal-werkers (zeden)politie e.d.

Zij beschouwen zichzelf als 'gedragsdeskundigen' (ahum) zogenaamd met mensenkennis freudiaans fijngetuned om te ontouderen, liefdeloos en blind voor herstel, zonder enig respect voor privélevens van vooral vaders! Men heeft het er zo naar gemaakt dat op zeggen van de buuv in gezinnen wordt geïntervenieerd, meestal ontvaderend.

Angsten schone schijn en zelfzuchtig neo-liberalisme gegraai hebben tot antisociale wantoestanden geleid, waarin strafrecht, vanwege eigen (professioneel) gebrek, steeds heiliger is gemaakt ten koste van vrijheid authenticiteit en menswaardigheid. Ook opvoeding is gefixeerd op straffen en belonen (Pavlov), vreemd dat de corrigerende tik is verboden alhoewel dat ook misbruikt kan en zal worden als instrument om (via wel/niet eergerelateerd huiselijk geweld) te scheiden/ontvaderen. Als moeder met corrigerende tik strooit is niemand bang voor escalaties. Het terrorisme heeft e.e.a. nog eens extra aangezwengeld, hopelijk dat de financiële/ economische crisis leidt tot de afbraak van toch al onbetaalbare 'beveiligingsmachines' die zeer van pas kwamen om burgers te onderdrukken en waar terrorisme niet eens mee wordt tegengehouden (Schiphol, Dendermonde, TheoVanGogh, PimFortuijn etc.)

Het verdelen van kinderen bij voorraad door een vervreemdende verzorgingsstaat, leidt als vanzelf tot inkomsten en opbrengsten maar ook tot het handhaven van daartoe ingevoerde wetten. Dus, door systematisch **genereren van vaderloze gezinnen, vaderloze kinderen en kinderloze vaders** ontstaat vanzelf een zichzelf bedruipende winstmakende **ontvaderingsmachine** die, genoegzaam de overheid groter maakt én, overheidsinvloed tot onbegrensde mogelijkheden uitbreidt! Het Engelse woord *'beware'* betekent **PAS OP!**, vader *in bewaring stellen*, kinderen *in bewaring nemen*, en moeders' *vertrouwen bewaren*. Kinderen moeten tegen vader worden beschermd zegt moeder, ze is bang omdat vader gevaarlijk en onbetrouwbaar IS zegt ze, de overheid moet hoognodig ingrijpen.
Voor familievernietiging is een Frankenstein gecreëerd, een ontvaderingsmachine die **vader onmiddellijk van alles liefst zoveel mogelijk en voorgoed uitsluit**, om te beginnen van zijn kinderen *'omdat moeder dat zegt'*, én, *óók zonder bewijs en zonder proces*, **vaders meteen kan laten opsluiten**, *hetgeen onmiddellijk eenzijdig scheiden legitimeert.*

Gezinnen en families maar vooral vaders moeten worden beschermd tegen de overheidsinvasie, dit kan door een krachtige partijoverstijgende morele beweging die met noodwetten radicaal vuile systeemfouten weer verwijderd. Deze beweging kan om te beginnen tegen de staatspropaganda in, met eigen huwelijks/samenlevingscontracten aan de slag gaan en het hetero-gezin begeleiden vanuit verbinding. Scheiding kan eventueel liefst bij onderlinge overeenstemming op basis van 50/50 zorg (verblijfplaats), de zorgouder moet de weigerende ouder dik kunnen laten dokken, de ouder die al te gemakkelijk eenzijdig wil scheiden doet in principe afstand van de kinderen.

Afwijkende ziekelijke seksuele voorkeuren, ongezonde zelfzuchtige kinderwens, zelfmoord, abortus en adoptie dienen als uitzonderlijk en met criteria als ondraaglijk en uitzichtloos in worden behandeld.

De kracht van herhaling, bescherming tegen (familie)ONrecht en recht op herstel worden opzettelijk onthouden.

Vele factoren dragen bij aan deze afschuwelijke bureaucratische aanval op families, waarmee vooral gescheiden kinderen meestal hun vader en zijn familie worden geraakt, gebroken gezinnen zijn vaak een makkelijke prooi!

- **Bron: Divorced from Reality** http://touchstonemag.com/archives/article.php?id=22-01-019-f door prof. **Stephen Baskerville** *geassocieerd professor op het Patrick Henry College* http://www.stephenbaskerville.net *schrijver van "in bewaring genomen", "de oorlog tegen vaders", "huwelijk" en "de familie" (Cumberland House, 2007).*
- **10 pagina's aan Raad van State, verhaal aan Orde van Advocaten, archief Ad Verdiesen & GVN**

ONTVADERING⇔ GELEGALISEERDE KINDERDIEFSTAL
OVERHEIDSGEWELD & MOEDERMAFFIA
MOEDERS ONWIL IS WET
EENZIJDIGE SCHEIDINGEN
SCHEIDEN IS KINDMISHANDELING
EEN KRANKZINNIGE WERKELIJKHEID
SCHEIDEN IS GEWOON NOOIT NORMAAL
OOK ONTVADERING IS EEN HALSMISDAAD
EEN BEDRIEGLIJK FAMILIERECHTERLIJK STAATSCOMPLOT
WETTELIJK INGEBED OP VALSE VOORWENDSELEN
HOEZO GELIJKE KANSEN HOEZO SAMENLEVEN
DE GELEGENHEID MAAKT DE DIEVEGGES
EEN SECTOR VAN & VOOR VROUWEN
DOEL VERGELDING & GEMAK
EFFECTIEF ONTVADEREN
- OOK VAN KINDEREN -
ZIEKELIJK ZELFZUCHTIG GESOL MET KINDEREN
EIGEN GEKTE NOOIT UIT LIEFDE VOOR KINDEREN
BEDROG-MISLEIDING-MISBRUIK-OBSTRUCTIE
TEGEN VADERS KINDEREN EN ZIJN FAMILIE

ACHTERBAKS LIEGEN & BEDRIEGEN
PSYCHOLOGISCHE OORLOGVOERING
IN ENE EEN MISMAAKTE MAATSCHAPPIJ
IEDEREEN STAAT ERBIJ & KIJKT ERNAAR
SCHAAMTELOZE SCHULDLOZE SCHANDE
PUBLIEKELIJKE VOORDELEN VAN DE TWIJFEL
GEOUWEHOER LESBOGELUL KARAKTERMOORD
OPZETTELIJK BEULENWERK - KASSA
NIEMAND TE BEROERD OM TE ONTKENNEN
ONBEWOGEN GEWETENLOOS MEEDOGENLOOS
KWAADAARDIGE MENSONTERENDE PRAKTIJKEN
HARTELOOS KOELBLOEDIG BRUUT WREED GROF
IRREEELE WRAAK - STRAFRECHT ALS AFGOD
EGODEFENSIEVE ANGSTGEDREVEN MOTIEVEN
SCHEIDING-ADOPTIE-ABORTUS <=> ONTVADERING
(SEKSUELE) AFWIJKINGEN NIET NORMAAL GEWOON
VUIL SPEL FOUTE MOEDERS - AMORELE KWAAIE LOEDERS
PLAATSVERVANGENDE OVERHEIDSVOORZIENINGEN

WAT WORDT GE-EIST

GELIJKWAARDIG OUDERSCHAP (50/50!)

GELIJKE (FISCALE) BEHANDELING

GEEN ONTVADERINGSEXPERTISE

EEN PARLEMENTAIRE ENQUETE

WAT IS NODIG

WAARHEIDSVINDING

EERLIJK EN MENSELIJK

PRE-JURIDISCHE PRINCIPES

EEN FUNDAMENTEEL DEBAT

ONVERKORT VOLWAARDIG RESPECT

GELIJKWAARDIGHEID => EVENWICHTIGHEID

CONSTITUTIONELE TOETSING FAMILIERECHTERS

RESPECTEER BLOEDBANDEN EERBIEDIG FAMILIELEVENS

WAT IS GEWENST

ELKAAR HET LICHT IN DE OGEN GUNNEN ..

WAT U NIET WILT DAT U GESCHIEDT ..

VOLLEDIGE GENUANCEERDE INFO

WAT MOET VERMEDEN WORDEN
EENZIJDIGE VOORZIENINGEN
SCHEIDING-ABORTUS-ADOPTIE
POLARISATIE EN STIGMATISERING
VERKEERDE MAN-VROUW BEELDEN
EIGEN RICHTING - STEMMINGMAKERIJ
WAT MAG NOOIT MEER
ONTVADERING - ONGELIJKWAARDIGHEID
INBREUK IN PRIVELEVENS VAN VADERS EN KINDEREN
GROVE SCHENDINGEN EVRM IVRK FUNDAMENTELE VRIJHEDEN

misdaden tegen de menselijkheid met belastinggeld wereldwijd aangejaagd door overheden
ironisch dat hardwerkende mannen/vaders dom genoeg zelf ontvadering betalen
gruwelijk afschuwelijk en schandalig, als onze voorouders dit hadden geweten
onbalans onevenwichtigheid ongelijke (fiscale) behandeling discriminatie

vrijuit beschreven door **Ad Verdiesen** (*AdVader, vz.* **GVN** = *GescheidenVadersNL-Familie4Justice*)
ervaringsdeskundige; voor mijn dochters Zoë en Jaimie zonder wie ik nooit had kunnen overleven
dit schrijven is na 9 slopende jaren tegen de stroom in als ware topsport, de spanning is te snijden

GOEDE VROUWEN MOETEN ONDERSCHEIDEN WORDEN
met/zonder alle non-sense uit bovenstaand verhaal, zonder gelijkwaardigheid/bilocatie géén vrede

Jaldabaoth <=> breek en heers <=> duistere tijden <=> licht in zicht?   114